인터넷 시대의 종교

인터넷 시대의 종교

인터넷 시대의 종교

국제종교연구소 편 · 이노우에 노부타카 책임편집 · 강용자 역

도서출판 역락

2002년도에 처음 라크(RIRC, 정식명칭 – 재단법인 국제종교연구소·종교정보 리서치센터)를 방문하였을 때, 그곳 시설의 이런저런 것을 살펴보다가 신간서적대에 꽂혀 있는 '인터넷시대의 종교'라는 제목의 책을 발견하였다.

마침 2001년부터 인터넷을 시작하였기에 매우 흥미를 갖고 있던 때라 스펀지가 물을 빨아들이듯 이 책 내용이 와 닿았고, 앞으로의 시대를 예견하는 듯한 그 제목에 머리를 한 대 얻어맞은 듯하기도 했다. 그 자리에서 즉시 이노우에 선생님에게 번역의 허락을 받고 시작한 것이 그 사이 많은 세월이 흘렀다.

이 책을 재빨리 널리 알리고 싶었으나, 이런저런 일들이 겹쳐 그만 예정보다 많이 늦어지게 되었다. 그래도, 세월은 흘렀다고 하나 책 내용은 현재 우리가 맞닥뜨리고 있는 현 시대의 여러 문제에 대해서 진단하고 있어 많은 부분에서 시사를 줄 것이라는 확신에는 변함이 없다. 또 인터넷 사회에서의 종교가 나아갈 바에 대한 여러 지침을 제시하고 있고, 나아가 각각의 종교 용어에 대해 상세한 주석이 달려 있다. 이 한 권으로도 일본종교의 전체적 양상 뿐만이 아니라 전세계 종교의 전체상을 파악할 수 있는 기본도서로서도 역할하고 있다.

인터넷 사용률 세계 1위를 달리고 있는 우리 사회이지만, 학술적으로는 아직 본격적인 연구가 이루어지고 있지 않다. 부디 본서가 여러 분야에서의 토론의 물꼬를 트는 계기가 되었으면 하는 바람이다. 마지막으로 책 번역을 허락해 주시고 오랫동안 기다려 주신 이노우에 선생님과, 새로운 시대 변화에 발맞춘 이 주제에 흥미를 가지고 쾌히 출판에 응해 주신 도서출판 역락의 이대현 사장님, 그리고 책 완성에 힘써주신 편집부 김보라님께 깊은 감사의 말씀을 드린다.

2005년 12월 1일

역자 씀

차 례

서장 __ 인터넷이 종교에 미치는 영향

이노우에 노부타카(井上順孝)

머리말

종교활동이란 교회, 사원, 포교소 등에서의 설법, 법화, 또는 가두에서의 포교, 성지나 본부에 신자가 모여 행하는 의식 모두를 말한다. 종교에서의 나날의 기본활동은 사람과 사람이 실제로 마주 앉아 하는 '대면상황(対面状況)'에서의 정보교환이나 감정교환이다. 오늘날 신문, 잡지, 라디오, 텔레비전, 비디오 등 새로운 정보미디어가 차례차례로 출현하여 종교단체에서 정보를 전하는 수단이 다양해졌다고는 해도, 종교가 그 생명력을 발휘하고 있는 장면에서는 의연하게도 '대면상황'이 압도적인 비중을 차지하고 있는 것은 변함이 없다.

종교가 신불이나 영, 그 외의 불가사의한 실재를 믿는 것으로 성립한다고는 해도 실제로는 어느 특정한 사람을 통해서 확립되어 가는 것이다. 그러기에 사회에서 설령 정보혁명이 일어난다고 해도, 종교의 이 기본적인 방식이 근저로부터 변한다고는 생각하기 어렵다. 따라서 널리 일반에 보급된 지 얼마 지나지 않은 인터넷이라는 도구가 종교 방식에 깊은 영향을 미칠까 라는 질문 그 자체에 종교계가 그다지 진지하지 못한 것은 당연할 지도 모른다.

그렇다고 해도 이 새로운 정보미디어는 사회 생활의 여러 면에서 예상 이상의 영향을 계속 미치고 있다. 당연히 그것은 좋은 면만이 아닌 바람직하지 않은 면, 더욱 두려워할 만한 면에서의 영향도 포함하고 있다. 편리함은 공포와 표리가 되어 이용방법에 따라서 쉽사리 '흉기'로 변하는 위험성이 있으며 여태까지의 미디어, 예를 들면, 신문, 라디오, 텔레비전 등에 비해 월등히 높다. 그것은 인터넷이 개개의 이용법에 있어 제지가 거의 곤란한 미디어이기 때문이다.

이것은 종교 문제에서도 완전히 똑같다. 포교나 교화에 유용한 도구가 경우에 따라서는 골치 아픈 도구가 되기도 한다. 생각지도 못한 곳에서 비판받을 수 있는 수단을 제공할 수 있는 것이다. 그렇다고 인터넷에서 눈을 돌리면 좋으냐 하면 사회 전체가 이 도구를 전제로 움직여 가기 때문에 그것은 점차 무리한 이야기가 된다. 그렇다면, 인터넷이란 기본적인 성격이 어떠하며, 그것이 종교에는 어떠한 문제를 초래하는가, 또는 가져올 가능성이 있는가란 테마는 커다란 과제가 된다.

1. 격변하는 미디어 환경

1970년 전후 미국에서 군사목적으로 사용하게 되었던 네트워크가 마침내 자연과학을 중심으로 한 학술목적으로도 사용하게 된 것은 70년대부터 80년대에 걸쳐서이다. 그리고 80년대 후반에는 상용 네트워크로도 사용되고 90년대에는 일반인들도 다양한 목적으로 사용하게 된다. 그리고 90년대 후반이 되면 일본에서도 인터넷의 일반이용은 급피치로 진행되어 가기 시작한다.

최근의 급속한 확장은 주지하는 바와 같이 WWW(World Wide Web)란 데이터베이스 소프트가 90년대에 들어서 일반에게 개방된 것이 계기가 된다. 지금은 약간의 지식, 기술을 습득하면 그야말로 초등학생이라도 인터넷을 통해 세계 각지의 정보를 실시간에 수집할 수 있는 시대가 되었다.

예상을 뛰어넘는 빠른 속도의 이 인터넷 보급은 이미 종교단체의 활동에 영향을 미치기 시작하고 있다. 그것은 포교, 교화를 비롯하여 종교단체와 사회와의 교류, 다른 단체와의 교류, 신자간의 교류, 정보공개 등, 여러 가지 면에 걸쳐 있으며 그 영향의 정도는 더욱 더 커질 것이다. 인터넷 이용이 활발한 미국에서는 종파나 교회가 인터넷 홈페이지를 개설하는 숫자 및 종교 사이트를 열람하는 사람 수가 1996년 이후 급증하고 있다고 한다.[1] 그 이용 형태가 미국과 완전히 같은지 어떤지는 의문이지만,[2] 적어도 극히 가까운 장래, 일본에서도 종교 사이트는 상당수에 다다를 것만은 틀림없다. 인터넷을 종교계의 일부에서 무시하거나 특별시한다 해도 그것은 과도기의 이야기로 이 같은 반응은 머지않아 그리운 옛날이야기로 변해갈 것이다.

그렇다고 하여, 2000년이 된 단계에서 일본에서 종교단체의 태반이 이 새로운 도구를 적극적으로 도입·이용하는 자세를 보이고 있다고 말하기는 어렵다. 그것은 어째서일까. 그 이유는 많은 교단의 신자구성, 특히 연령층이란 것을 고려해야 할 것이기 때문이다. 일본의 종교 인구를 조사한 각종 데이터를 보면 종교를 믿는 비율에서 젊은이는 거의 없어 1할 정도이다. 그러나 중년 이

---

1 生駒孝彰, 『인터넷 속의 신들』(平凡社新書, 1999년)을 참조 이 책에는 미국의 종교 사이트에 대한 간단한 해설도 있다.
2 미국에서는 1974년에 캘리포니아에서 설립된 대표적인 반카르트 조직 CAN(카르트 어웨어니스 네트워크)이 재정적인 문제도 있어, 1996년에 그 비판 대상의 하나였던 사이언톨로지에 매수되었던 사건이 있었다. 이러한 사태가 일본에서도 일어날지 어떨지 알 수 없지만 참고할 만한 점이다. 이 경위에 관해서는, 土佐昌樹, 『인터넷과 종교 — 카르트·원리주의·사이버 종교의 현재』(岩波書店, 1998년)를 참조

후는 늘어나는 경향을 보이고 고령자는 3할 전후 또는 그 이상이 된다.

매스컴에서는 '젊은이와 종교'라는 테마를 자주 취급한다. 그 이유의 하나는 종교에 관심을 가지는 것이 젊은이 사이에서는 소수파로 신기하기 때문이다. 또 새롭게 출현한 종교에 관심을 기울이는 대다수는 10대로부터 겨우 30대까지가 상대적으로 많아 그 결합여부가 관심을 부르는 것이다. 특정 종교를 믿고 있다, 또는 종교단체에 소속되어 있다는 의미에서의 종교인구는 역시 중고년 층이 대다수를 차지한다. 이들 세대에서는 컴퓨터라든가 인터넷이라고 듣기만 해도 뒷걸음치는 사람이 적지 않다.

뒤에 다시 언급하지만, 나는 연구의 필요상, 컴퓨터와는 그 보급의 초기단계에서부터 깊은 관심을 가져 왔다. 개인적 감상에서 말하자면, 일본이 본격적인 컴퓨터 시대를 맞은 1980년대 중반에, 아직 40세 미만인지, 40세 이상인지에 따라 그 수용자세에 상당히 커다란 차이를 관찰할 수 있다.

40세 미만이면 타자 정도는 비교적 가볍게 칠 수 있고 컴퓨터에 친숙해진 사람이 많다. 개중에는 이어서 데이터베이스, 화상처리 등으로 완전히 심취해 있는 사람도 가까이에는 있다. 그러나 40세가 넘으면 처음부터 경원하는 사람이 급격히 눈에 띈다. 그러나, 그 후 컴퓨터도 MS DOS에서 WINDOWS가 주류가 되어 대단히 사용하기 쉽게 되었기 때문에 워드 정도라면 사용할 수 있는 고령자도 늘어나고 있다.

그렇지만, 전자메일을 일상적 정보 도구로서 사용하는 사람은 분명히 연령과 커다란 상관관계에 있는 것이 보통 쉽게 관찰된다. 일반적으로 고령자가 이러한 새로운 도구에 친숙하기에는 어려운 것이 당연하다. 개중에는 키보드에 접하는 것조차 두려워하는 사람도 있다. 그러기에 종교단체 특히 이러한 중고년층이 중심 멤버인 전통불교종파나 신사신도에 있어 인터넷을 긴급하게 받아들일 필요를 지금 단계에서는 그다지 느끼고 있지 않는 것도 수긍할 수 있는 이야기가 된다.

그러나 시간이 경과함에 따라 컴퓨터 또는 인터넷을 가까이하는데 어려움을 느끼는 사람이 확실히 줄어들었다. 그 대신, 소학교 때부터 키보드에 친숙해 온 세대가 점차 늘어간다. 학교교육에서 컴퓨터실습이나 인터넷 체험을 시키는 곳이 늘고 있기 때문이다. 또 가정의 인터넷 이용도 계속 증가하고 있다. 동시에 시스템 자체도 대중화와 더불어 사용하기 쉽게 요구되어져서 더욱 간편화되어 갈 것이라고 예측된다. 휴대전화와 인터넷이 연결을 깊이 하면 종교운동의 전개에서도 새로운 형태를 가져올 가능성이 있다.

사회 전체가 이러한 시스템이 되면, 종교에 관한 사항 중 일정 부분은 이 새로운 정보수단에 의존하는 경우가 생긴다. 그리고 이것은 시간문제의 일이다. 단, 인터넷이 어떻게 전개해 가는 것인지는 아직 미지수이다. 이용이라고 하기보다는 악용이라고 부를 만한 사례도 급격히 늘고 있다. 종교단체가 관여해야 하는 것은 분명한 일이라 해도 어떻게 관여하면 좋은지에 대해서는 신중하게 거론해도 지나치지 않을 것이다.

종교는 어떠한 내용의 정보를 누구에게 어떻게 전달할 수 있는지에 대해서 기업 등과는 다른 문제를 지니고 있다. 단순히 비즈니스의 수행상, 정보를 전달하는 것이 아니라 개개인의 가치관 형성에 크게 관여해 가는 것이다. 종교인에 의해 발하게 되는 언어정보는 내용에 따라서는 사람의 삶의 방식을 크게 변하게 할 가능성이 있다. 그것은 단지 하나의 언어일 경우도 있다. 그러므로 인터넷이란 정보수단이 어떠한 가능성과 위험성을 가졌는가에 대한 논의는 종교계뿐만이 아니라 많은 사람들이 관심을 기울여야 할 테마가 될 것이다.

2. '인터넷 시대'에로의 돌입

80년대 컴퓨터의 개인적 이용이 90년대 이후 인터넷의 거대한 이용증대라는 단계에 이르러 종교의 활동형태는 큰 변용을 경험하게 될지도 모른다. 초기 컴퓨터는 다만 편리한 도구를 이용한다는 정도였으나 인터넷은 대화의 형태에서 정보의 수수, 그 외 여러 가지 면에서 새로운 요소를 지니고 있기 때문이다.

나는 1980년대 전반부터 컴퓨터를 이용하고 있었지만, 이 새로운 도구가 연구에 주는 영향이 걱정도 되어 끊임없이 주의를 기울여 왔다. 동시에 그것이 종교단체의 활동에 어떠한 영향을 주는가에 대해서도 저절로 관심이 끓어 왔다. 그리고 종교단체에로의 영향은 인터넷이 일반에게 널리 사용하게 된 무렵부터 여태까지의 '컴퓨터 시대'와는 상당히 다른 양상을 가져와야 한다고 느끼고 있었다. 말하자면 '인터넷 시대'로 돌입함으로써 종교단체를 둘러싼 정보환경은 크게 변한 것이다. 눈앞에 있는 도구는 같은 컴퓨터이지만, 그 배후의 시스템 변화는 컴퓨터 앞에 앉아 있는 종교관계자에게 예상 이상의 가능성과 불안을 가져오는 것은 아닐지.

여기에서 '컴퓨터 시대'라고 임시로 이름을 붙인 것은 대체로 1989년대 후반부터 90년대 전반 무렵까지를 말한다. 퍼스널 컴퓨터(personal computer)가 앞머리를 따서 파소콘(パソコン)이라 불려져 붐을 타고 급속하게 보급된 동기는 PC 9890 시리즈의 발매였다. 처음에는 그것이 어느 정도 도움이 될지 의문시하는 사람도 일부에 있었지만, 많은 직장이나 교육의 장 등에서는 눈 깜짝할 사이에 필수적인 도구화를 꾀했다.

개인적으로 기억해 보아도 1985년 간행할 책 원고를 디스켓으로 건넬 때 출판사 담당자는 그것이 첫 케이스였다고 말해 주었다. 그러나 80년대 후반 사전작성에 관여하게 되어 컴퓨터 데이터베이스 소프트웨어를 이용했을 때의 젊은 연구자들은 이제 그런 데이터정리의 방법에 위화감을 거의 가지지 않았다. 90년대에는 컴퓨터라는 존재가 연구상 기본조건으로 지극히 당연하게 되었다. 즉 불과 수 년 사이에 '컴퓨터 시대'는 인문과학의 연구자를 널리 섭렵하고 있었던 것이다.

단, 이 시점에선 컴퓨터를 연구상 편리해서 사용하는 사람은 늘어도 이것이 종교 활동에 어떠한 영향을 주는가 라는 테마에 발을 들여놓으려는 연구지는 기의 빌견힐 수 없었나. ㄱ 무렵은 오히려 비디오나 위성방송의 이용 등 영상미디어가 가져올 영향에 큰 관심이 있었다. 젊은 세대는 대면상황 속에서 여러 가지를 습득함과 동시에 영상미디어에로도 대단히 관심이 많은 세대이다. 대학 강의에서도 눈앞 교사의 언동에는 그다지 관심을 가지지 않아도 비디오를 사용한 수업에서는 그 내용 여부에 관계없이 우선 주목하는 경향이 큰 것을 많은 교원들이 말하는 바이다. 대학 교실에서 이러한 현상이 보이고 있다면 종교의 포교 장면에서도 닮은꼴이 일어날 가능성이 상정된 셈이다.

특히 80년대 말부터 90년대 전반에 걸쳐서는 옴진리교가 화제를 불러일으켰고 그들 포교에 비디오가 활용되고 있었던 것도 알려지게 되었다. 옴진리교가 작성한 동영상은 사회적으로 그렇게 많이 비판되었음에도 불구하고 젊은 세대에게는 그 나름의 인상을 지니게 하였다. 그것을 제외한다 해도 영상정보에로의 대전(対戦)은 특히 차세대에 대한 포교·교화를 생각한다면 종교계에서도 고려해야 할 테마인 것이다. 이 때문에 종교계에서도 영상소프트의 축적에 주력하는 곳이 늘어났다. 어느 정도 조직이 큰 신종교라면, 교단의 의식, 이벤트 등을 촬영하여 그것을 비디오로 신자에게 보이는 곳도 많아졌다.

그러나 90년대 중반의 WINDOWS 95의 폭발적인 인기와 함께 인터넷의 급속한 유포 이후, 학술이용에서도 일단은 레벨이 다르게 변해갔다. 개인적으로는 이 새로운 정보수단이 종교활동에 지금까지의 컴퓨터 기술과는 비교할 수 없는 정도로 큰 영향을 줄 것이라는 예감을 가졌다. 그것은 정보의 발신·수신이란 쌍방향성의 미디어이면서 화상 특히 영상을 자유롭게 이용할 수 있는 미디어이기 때문이다. 또, 인터넷은 세계에 막대한 네트워크를 형성하고 있고 그 네트워크는 거대한 생물과 같이 나날이 모습을 바꾸며 사이버 공간에서 움직이고 있다. 기분 나쁘다고 하면 기분 나쁜 것이지만 분야에 따라서는 연구 방법을 완전히 바꾸어야만 하는 것이 발생한 것이다.

이렇게 되면 종교연구 특히 현대종교를 대상으로 하는 사람은 인터넷 없이는 종교의 동향을 이야기하기 곤란하게 되었다. 전 세계에서 종교와 관련된 사건이 매일같이 일어나고 있지만 그것을 누군가가 홈페이지에 소개하면, 그것은 눈 깜짝할 사이에 불특정다수의 사람에게 공유되는 또, 실제로는 비교적 사소한 사건이라 해도 인터넷이란 네트워크 내에서 증폭되어 커다란 사건이 되는 적도 있었다. 1999년에 도시바(東芝)의 대응에 대해 한 소비자가 클레임을 붙여(소위 '고발 사이트'), 이것이 대단히 화제가 되었고 이러한 것이 종교에서도 일상적인 화제가 될 것이다.

즉, 종교에 대해 얻을 수 있는 정보의 질과 양이 '컴퓨터 시대'에서 '인터넷 시대'로 되어 매우 양상을 달리하고 있는 것이다. 사전 편집에 편리하다는 따위의 차원이 아니다. 최신 정보를 인터넷을 통해 입수할 수 있기 때문에 이에 참가하는 사람이 늘어나면 늘어날수록 이에 의존해야만 하는 비율이 높아지는 것이다.

연구에서 그렇게 되는 것과 동시에 이는 종교단체의 활동에서도 그 영향은 출현 당초의 예상을 상회하는 분위기이다. 인터넷을 통한 정보의 수수가 이제까지의 정보 수수의 보조수단, 또는 그것들에로의 추가수단에 멈추는 것만이 아니라 별종의 상황을 만들어낼지도 모른다는 것이다.

1997년 3월 예의 헤븐즈 게이트(천국의 문)[3] 사건이 일어났던 것은 이러한 전환기를 상징하고 있다. 애플화이트란 인물에 의해서 지도된 소집단이 캘리포니아주에서 39명 음독자살한 사건은 사회적으로 대단한 화제였다. 소위 '카르트 문제'의 하나로서 논해짐과 동시에 인터넷에서 포교하고 있었던 집단이라는 측면이 관심을 불러일으켰다. 사건 후 머지않아, NHK의 '클로즈업 현대'라는 프로가 이 사건을 취급한 것도 주로 후자의 측면에서였다. 그들은 '하이어소스'란 홈페이지 디자인 회사를 만들면서 다른 한편으로는 포교활동을 하고 있었다. 홈페이지 작성에 능숙한 집단에 의한 사건이라는 것도 관심을 불러일으킨 것이다.

물론, 이것은 미국 사회에서 일어난 특별한 사건이다. 또 집단 규모도 극히 작다. 그러나, 이것을 예외로 생각하기에는 상황은 너무 시사적이다. 옴진리교 사건이 극히 특수한 사례이면서 그

---

3 헤븐즈 게이트는, 1975년, 전 대학교수였던 마샬 애플화이트에 의해서 창설되어, 1990년대에 신자가 늘어난 듯하다. 신자들은, '혜일 봅 혜성과 함께 지구에 접근하는 우주선을 타고 천국에 간다'란 메시지를 남기고 교조와 함께 집단자살을 꾀하였다. 土佐昌樹(前揭書)는, 헤븐즈 게이트는, 검색되기를 바라서 많은 키워드, 예를 들면, UFO, 異星人, 虛報, 自由, 그리스도 재림, 천사, 종말 때 등, 이 반복해서 나열되고 있는 것을 지적하고 있다. 더욱, 이 사건에 대해서는, 三上俊治, 「사이버 카르트집단 자살의 수수께끼」라는 홈페이지상의 논문도 있다(2000년 4월 14일 확인).
http://www.soc.toyo.ac.jp/faculty/mikami/cybercult/index.html 참조.

속에 많은 시대적 요소를 포함하고 있듯이 헤븐즈 게이트 사건도 인터넷포교가 가져오는 문제를 몇 개 제기한 결과가 되었다.

이렇게 하여 불과 10년 사이에 컴퓨터가 초래하는 것이 크게 변모하였다. 이에 연결되는 작은 선이 세계의 네트워크의 입구, 그리고 사이버 세계의 입구가 된 것으로 종교가 사람들에게 주는 영향의 형태도 점차로 변하고 있는 것이다.

3. 흔들리는 신뢰성과 권위

2000년 봄 단계에서 개관한다면, 일본의 종교단체가 개설하고 있는 홈페이지의 대부분은 내용적으로는 팸플릿 정도의 섯이 낳았다. 조금 심한 말투로, 인쇄되어 배부되어 온 팸플릿이 전자미디어회되고 클릭해서 다소 즐기녀 볼 수 있게 된 정도라는 내용이다. 단, 앞으로는 다른 단체의 홈페이지를 참조히면서 점짐 형태가 변해갈 것이라 생각한다. 모방이 간단한 만큼 새로운 구상은 곧바로 다른 단체에 의해 모방될 것이다.

이러한 기술적 문제를 개량하면서 홈페이지 내용이 팸플릿 이상이 되어 인터넷이용이 전자메일, 게시판, 그 외에도 현재보다 다양화되어 많은 사람이 그곳에 잠입하게 되었을 때, 인터넷 시대의 종교가 갖는 참된 어려움이 느껴지게 될 것이다. 이 중 전자매체를 통해 발신하거나 수신하거나 할 때의 정보의 신뢰성 문제는 종교의 근본적인 사항이다.

너무 단순화시킨 것이 아닌지 모르지만 전자매체란 데이터 보존이라든가 신뢰성이란 면에서는 문자와 음성의 중간적 성격을 가진 것이다. 이것은 대충 그렇다는 것으로 실제로는 그렇게 단순하게 정리할 수 없지만 전자매체의 특징을 논할 때 착안할 만한 시점의 하나가 된다.

홈페이지를 만든 적이 있는 사람이라면 알 수 있겠지만 홈페이지는 일단 공개한 내용 수정이 실로 간단하다. 언제 보아도 같은 내용의 홈페이지는 단지 관리하지 않았기 때문으로 기분조차 바뀌면 빈번하게 갱신할 수 있다. 일기를 쓰는 사람도 있다. 결국 매일 가필해 가는 것이다. 매일 아니라 매시간이라도 갱신하려면 할 수 있다. 실시간으로 후지산 모습을 비춘 홈페이지가 인터넷이 일반화할 당시 인기를 끈 적이 있다.

이러한 구상은, 어느 순간에 촬영한 화상을 업로드해서는 또 촬영하여 업로드하는 것을 반복하면 가능하다. 디지털카메라가 보급한 지금은 이미 화제조차 되지 않을 정도로 여러 가지 사이트에서 널리 보이는 수법이 되었다. 일본 종교 사이트의 예를 하나 들면, 천리교가 한 시간 간격으로 본부시설의 사진을 두 개의 앵글로 보여주고 있다.[4] 인쇄하여 간행된 서적에 비해 홈페이지 수정의 간편함은 비교도 안 될 정도이다.

　홈페이지 내용을 즉시 정정할 수 있다는 것은 만드는 측에서 보면 대단히 편리한 것이다. 그러나 클릭하는 측에서 보면 그 때 그 때의 내용을 어느 정도 신뢰해야 좋을지라는 의문에 봉착하게 된다. 종교단체가 발신하는 정보의 신뢰성이라는 면에서 이 점은 그렇게 가볍게 취급해서는 안 될 사항이다.

　현대 대부분의 종교단체는 경전을 간행하거나 기관지·종이 따위를 신자에게 배부하는 것으로써 그 기본적인 가르침, 나날의 활동지침을 전하는 하나의 수단으로 하고 있다. 한편, 법화, 설교, 체험담, 이러한 언어정보는 나날의 활동 내에서 보다 빈번하게 정보전달의 수단이 된다. 이 조직에서 만들어진 것을 기본으로 언이는 그것을 풍부하게 채색하거나 쉽게 풀어주거나 구체성을 더하거나 상황에 맞춘 설명을 더하거나 하는 역할을 담당하는 것이 일반적이다.

　성경, 불전, 교본, 이러한 내용은 무슨 일이 없는 한 변하지 않는다. 그러나 말로써 하는 내용은 교주가 교사·신자에게 기본적인 가르침을 푸는 경우에도 상황에 의해 천차만별이다. 그렇지만, 전자매체로 표현된 것은 일단 문자로 고정된 정보를 제시한다. 그

---

4 천리교의 이 사이트에 대해서는 다음을 참조(2000년 4월 14일 확인).
　http://www.tenrikyo.or.jp/cam/view1.html 참조.

러나 수정이 극히 용이하기에 그것이 어느 정도 고정적으로 발신될지는 완전히 발신하는 측에 달려있다. 내용에 대해서 어느 정도의 책임을 지고 그 정보를 발신하고 있는지는 판단하기 어렵기 때문에 그것이 인터넷상의 정보에 전면적으로 의거함과 동시에 일말의 불안도 초래하게 된다.

전자매체가 가진 편리함은 놀이의 영역에서는 그렇게 문제가 되지 않는다. 원래 그런 것이라고 이해하면 되는 일로 나날이 정보내용이 변하면 오히려 신선하여 좋을지도 모른다. 또 비즈니스라면 항상 소비자의 요구에 부응해 끊임없이 새로운 내용을 발신하는 것이 오히려 바람직한 전략일지도 모른다. 그러나 종교단체의 경우 일단 공개된 교단의 홈페이지 내용은 우선은 그 단체의 공식견해가 되기 때문에 오히려 때때로 수정이 된다면 어떻게 이해해야 할지 혼란이 생길 수도 있다.

교단단위 뿐만이 아니라 각 지부나 개인 신자의 견해도 전자매체로 표현되는 것이다. 집회에서의 발언에 대해서는 각각의 교단이 어느 정도 작법을 정해 왔다. 또 문자에 의해 의견을 교환하는 것은 대단히 공식적인 경우로 인쇄되기까지 일정의 수속을 거치는 것이 보통이다. 그러면 전자매체에 의한 의견교환에는 어떠한 심리적 마음자세가 적절한 것일까. 암묵의 룰이 확립하려면 일정한 시간이 요한다고 생각된다.

조금 더 이야기를 진전시켜 보자. 종교는 기본적인 메시지가 사람에서 사람으로 전해지는 것에 의해 그 생명을 가진다. 신자가 한 곳에 모여 교조나 교사, 또는 신자끼리의 말을 경청한다는 옛날부터 있었던 패턴이 인터넷 잠입으로 무언가 새로운 국면을 맞게 될 것인가. 전통종교의 경우라면 일상적인 포교나 교화에 의해서 그 종교에 관한 정보가 전해져 간다기보다는 오히려 사회적 관습으로서 전해져 가는 면이 강하다. 즉 승려나 성직자의 가르침을 받아서 장의(葬儀)의 방식, 하츠모우데(初詣で)[5] 방식, 신축제의 방식이 정해지는 것은 아니다. 사회의 관습에서 배워 그것이 전해 간다는 형태가 태반이다.

따라서 사회적 관습의 행방이 인터넷의 팽창에 의해 변화의 징조가 보일 경우에 그것이 대부분의 전통종교에서도 전해져 내려오는 방식에 영향을 미치게 될 것이다. 예를 들면 실제의 하츠모우데보다 사이버상의 하츠모우데를 재미있어 하는 사람이 나올지도 모른다. 또는, 인터넷상에 세계의 여러 가지 연중행사가 소개되면 그것이 마치 일본 문화의 연중행사인 것처럼 느끼게 되는 일이 일어날지도 모른다.

한편, 일상적인 포교·교화 활동에 의해 종교정보를 선하는 신종교나 기독교 등은 많은 신자가 인터넷에 잠입해 오는 것으로

---

5 정월의 첫 참배.

정보전달상의 새로운 전개가 일어날 것이라고 생각한다. 이 때, 인터넷이 가진 쌍방향성은 대단한 무기임과 동시에 번거로운 일이 된다. 신자가 안고 있는 의문은 그대로 다른 신자에게도 공유될 수 있다. '어느 목사의 설교에 자기는 이러한 의문을 가졌다'는 것을 홈페이지상에 공개하면 본래 작은 교회의 미소한 대화의 갭에 지나지 않았던 것이 예상 외의 전개를 가질 수도 있다.

개개의 종교 내에서 문제시되어 거론되어 온 신앙의 근간에 대한 문제도 그 종교의 관계자 중 누군가가 그 기분이 되면 한꺼번에 공개의 장에서 제기될 수 있다. 그리고 그것은 그 단체의 권위를 위협하는 것이 된다. 개개의 신자가 그렇게 의도하지 않았어도 결과적으로는 이러한 구도가 생기는 것은 충분히 있을 수 있다.

4. 네트형 조직과 사이버 종교 — 결론을 대신하여

인터넷과 종교에 관한 가장 심각한 테마는 오히려 앞으로 나타날지도 모르는 종교형태에 대한 것이다. 기존 종교단체에서는 인터넷이란 새로운 정보환경에 대한 적응이 아랫사람의 큰 과제가 되지만 처음부터 이 정보환경을 전제로 하는 종교집단(또는, 그렇게 부르는 것조차 적절하지 않을지 모르는 것)이 출현할 가능성이 있다. 구체적으로 네트형 종교조직이나 사이버 종교 내지 버추얼 종교라고 불리는 것의 출현이며 실은 이들은 이미 그 징조를 보이고 있다. 앞으로 이들이 종교운동의 전개나 종교체험의 방식 등에 영향을 미치는 것은 틀림없는 일일 것이다.

1992년에 활동이 개시된 법륜공(法輪功)은, 99년 4월 25일 중국정부의 소재지인 북경 중남해(中南海)에서 만 명의 신자를 집결시켜서 북경정부를 경악시키기에 이르렀다. 이 조직이 단기간에 확산할 수 있었던 것은 인터넷이 결정적인 역할을 했다고 보고되었다.[6] 창시자인 이홍지(李洪志)는 미국에서 그린카드(노동허가증)를 취득한 자이지만 인터넷을 통해 중국의 신자에게도 지령을 내고 있었다고 한다. 일본과 사회적인 조건이 다르기에 신종교운동이 일어나기 어려운 중국에서 이러한 운동이 일어나서 단기간에 많은 열성 신자를 낸 것은 대단히 흥미롭다.

대형교단이 된 일본의 신종교, 예를 들면, 천리교(天理教), 창가학회(創価学会) 또는 입정교성회(立正校成会)의 조직형태는 근대적인 그것이다. 조직 내에서 지도부의 의지가 어떻게 각 지부에 전해지는지 그 경로가 적어도 내부의 인간에게는 파악된다. 그러나 네트형에서는 이것이 대단히 어려운 일로, 그 운동에 관여하는 사람들조차도 정보의 흐름을 충분히 파악할 수 없게 될 가능성이 있다.

---

6 莫邦富, 『북경유사(北京有事)』(新潮社, 1999년)를 참조

종교운동이 이와 같은 조직을 기반으로 해 나갈 때, 어떻게 전개되어 갈지 그것은 아직은 충분히 예측할 수 없다.

또, 예를 들어 UFO 카르트라고 부르는 UFO의 존재를 믿는 인터넷 집단은 세계에 다수 있다고 한다. UFO 카르트를 종교집단이라고 하기는 어렵지만, 그러나 상당히 근접한다. 네트형 종교조직은 이미 여러 분야에서 '현실화'하고 있다고 봐야할 것이다. 특히, 정신세계를 다루는 활동은 네트형 조직에 적합하기 때문에 인터넷의 광범한 이용이 일본에서는 주로 이러한 측면에서 종교동향에 영향을 미친다고 예측된다.

한편, 사이버 종교는 조직형태가 다르다고 하기보다는 존재 그것이 버추얼한 종교이다. 실재하지 않는 사원, 신사, 교회 등이 인터넷상에 포교하여 그것이 사람들의 마음, 행동형태에 영향을 주는 케이스이다. 이미 그 징조는 버추얼 교주라든가 다마고치절(たまごっち寺: 다마고치를 공양하는 버추얼한 사원) 등의 반응에서도 엿볼 수 있다.[7]

철이 들 때부터 주위에 컴퓨터가 있고 그리고 인터넷이 있는 세대의 증가와 함께 인터넷은 그 미증유의 성격을 나타낼 것이다. 새로운 감각 세대가 사이버 공간에서 전개하는 종교의례, 신성한

---

7 졸저 『젊은이와 현대종교』(ちくま新書, 1999년) 중 특히 제4장 「인터넷 시대의 버추얼 종교」 참조

이미지, 종교적 메시지라는 것에 어떻게 반응하는가 라는 것이다. 일상 공간과는 구조가 다른 사이버 공간에서의 유희가 현실과 혼동되거나 현실을 능가하는 영향력을 가진 것도 생각할 수 있다.

역이나 점은 종교적인 요소가 있음과 동시에 놀이적인 요소도 강하다. 인터넷에서는 갑자기 새로운 점이 출현하여 유행한다. 사주관상이라든가 역점, 또는 최근 동물점이라 하여 이미 현실 사회에서 행해지는 것도 만들어지는 한편, '회전 스시점(回転寿司占い)'[8]처럼 인터넷에서 하기에도 정말 재미있는 것이 있다.

점은 가두에서는 점쟁이가 하고 있다. 오미쿠지(おみくじ)[9]도 점의 일종으로 보며 신사에는 보통 그것이 있다. 그 곳에서는 직접 대응해 주는 사람이 있다. 그러나 인터넷상의 점은 누가 만든 것인지 언제부터 그곳에 있는지 어떠한 의도인지 이러한 것이 거의 '불명'하다. 생생한 영상임에도 불구하고 이것은 익명성 또는 무명성의 세계이다. 근거 없는 점과 같은 것으로 그것이 오히려 점의 신비성을 증가시킬지 모른다.

---

8 회전 스시의 종류 12개 중에서, 순서대로 5개를 선택하여, 연애관, 금전감각, 출세기원, 가정관, 이상으로 하는 인간상을 나타낸다. 예를 들면, 처음 전어를 먹으면, 「자기류의 연애관을 가진 사람. 평범한 사랑법, 사랑받는 쪽으로는 만족할 수 없습니다. 연령차가 있는 사람에게 마음이 움직이는 일도 자주 있습니다」라고 설명된다. URL(Uniform Resource Locator)은 다음과 같다(2000년 4월 16일 확인).
http://kodansha.cplaza.ne.jp/hot/entertainment/2000_01_12_1/index.html
9 神意에 의하여 길흉을 점치는 제비.

또는 옴진리교의 신자가 PSI(파펙트사르베숀이니시에이숀)라 부르는 헤드기어를 쓰고 있었던 모습이나 독방에서 환각체험을 시키고 있었던 것을 상기해 보자. 이들 모든 것이 교주나 간부에 의한 강제의 결과라고만 할 수는 없을 것이다. 어느 정도는 버추얼한 세계에서 구원을 원하는 젊은이가 있었다는 것을 상정해야 한다.

원래 종교가 가지는 버추얼성이 인터넷 시대에는 생각지 않은 시도를 꾀할지도 모른다. 종교단체와는 직접 관계도 없는 사람이 사이버 공간에서 독자의 포교를 시도할 수 있는 조건이 생겨나 버렸기 때문이다. 이 절에서 논한 것은 아직은 본격적으로 거론하기에는 재료가 적은 테마이다.[10] 그러나 교단의 인터넷이용이란 것은 현실적이고 절박해진 일로써 진행되고 있는 한편, 이러한 새로운 전개의 가능성은 인터넷이 일종의 요괴와 같은 존재로써 이 자체가 종교성을 띠기에 좋은 존재라는 것도 생각해야만 한다.

---

10 종교연구란 분야에 한정하면, 인터넷과 종교와의 관계에 착안한 학술연구는 지금 막 시작하였다. 1995년에 '종교와 사회' 학회가 '정보 시대는 종교를 변화시킬까'라는 심포지엄을 주최하였다. 의론 내용은, 池上良正・中牧弘允편, 『정보 시대는 종교를 변화시킬까—전통종교로부터 옴진리교까지』(弘文堂, 1996년)에 정리되었다. 여기에서의 의론은, 이후 인터넷과 종교를 둘러싼 연구를 어느 정도 자극했다고 생각한다. 동 학회에서는 '정보 시대와 종교' 프로젝트가 설립되고, 또 인터넷 프로젝트도 생기게 되었다. 그리고 그 멤버가 관련해서 공동연구의 성과가 간행되었다(黒崎浩行 편저, 『전자 네트워킹의 보급과 종교의 변용』, 国学院大学 日本文化研究所, 2000년).

제1장 ___ 심포지엄 '인터넷 시대의 종교'

참석자　고바야시 타이젠(小林泰善, 浄土真宗本願寺派長念寺住職)
　　　　　시타라 미노루(設楽実, 真如苑企画部社会交流課)
　　　　　마츠오카 리에(松岡里枝, 愛宕神社権禰宜)
　　　　　마츠쿠마 야스후미(松隈康史, 가톨릭中央協議会広報部)

해 설 자　이노우에 노부타카(井上順孝, 国学院大学日本文化研究所教授)
　　　　　기토우 마사키(紀藤正樹, 弁護士)

진 행 자　이시이 겐지(石井研士, 国学院大学文学部教授)

1. 레포트

이시이(石井) 그럼, 즉시 재단법인 국제종교연구소 주최, 공개 심포지엄 '인터넷 시대의 종교'를 시작하겠습니다. 1990년대가 되어

이시이 겐지씨

인터넷이 보급되자 이것은 우리들 일상 생활 속에서 일정한 역할을 맡아왔다고 생각됩니다. 이것은 어느 연구자의 지적입니다. 1996년 단계에서 종교로 분류된 웹사이트 수는 90건이었습니다. 그것이 3년 지난 1999년 10월 현재, 야후에서 검색하면 종교관계의 웹사이트가 약 1500개 있습니다. 대강 3년 정도에 16배 되었다는 것입니다. 일본 사회가 고도정보화·사회화함에 따라 종교단체측도 적극적으로 사용하려는 상황이 단적으로 나타나고 있는 것입니다.

그러나 이러한 플러스적인 면, 적극적인 면만 있는 것은 아니기에 사회문제화 되는 사건이 인터넷을 통해 일어나고 있는 것도 이미 주지의 사실입니다. 이런 상황에서 교단 분들이 어떠한 홈페이지의 사용방법을 고안해서 많은 사람들에게 정보를 발신하고 있는지 구체적인 사례를 들어 진행해 가겠습니다.

이것도 또 어느 연구자의 지적에 의한 것입니다. 고도정보화자체가 거대한 사회변동이기 때문에 당연히 종교단체나 우리들은 그 영향을 받는 것입니다. 단순하게 정보기기의 발전이나 정보의 기간시설 정비라는 문제를 넘어 문화적으로 커다란 영향이 있다는 것은, 필경 여기에 있는 토론자나 여러분에게 공통 인식이었으리라 생각합니다. 이러한 점을 고려하면서 앞서 말씀드린 점에 주의하여 이야기를 진행시켜 나갈까 합니다.

오늘의 토론자 선생님들은 여섯 분입니다. 크게 나누면, 실제로 정보를 발신하고 계신 선생님들 네 분과 그리고 입장을 달리하시는 선생님 두 분에게 이야기를 듣기로 하겠습니다. 단상을 보시면 아시다시피 프로젝터가 준비되어 있어 실제로 홈페이지를 보면서 이야기를 진행하시는 선생님도 계십니다.

우선 처음은 아타고 신사(愛宕神社)[1] 마츠오카(松岡)씨부터 말씀하시겠습니다. 잘 부탁드립니다.

비추일 참배는 좋지 않은가?

마츠오카(松岡) 아타고 신사(愛宕神社)의 마츠오카입니다. 잘 부탁드리겠습니다. 지금은 성직자로서 저 개인이 말씀드립니다. 신사계를 대표하는 것이 아니고 어디까지나 도쿄 미나토구(東京港區) 아타고 신사에 봉직하고 또 아타고 신사의 홈페이지를 만들었던 저 개인의 의견으로서 말씀드리고 싶기에 아무쪼록 양해바랍니다. 오늘은 발표용지에도 써 있습니다만, '동기와 반향', '신

---

1 東京都港区愛宕에 소재. 1608년 德川家康의 명령에 의해서 에도(江戶)의 방화의 신으로서 제사되었다. 주제신은 호무스비노미코토(火産霊命).

마츠오카 리에씨

도란', '앞으로의 일'에 대해서 말씀드리겠습니다.

우선, 홈페이지를 만든 동기입니다. 지금부터 3년 전, 1997년의 일입니다. 당시 각 가정에는 컴퓨터 1대 시대라고 일컬어져 아타고 신사에서도 도입하자는 이야기가 나왔습니다. 마침 같은 시기에 신사에 관한 앙케이트에서 다음과 같은 결과가 나왔습니다. '무엇을 하고 있는지 모른다', '이런 것도 모른다고 야단맞는 것은 아닌지' 등으로 모든 분들이 생각하고 계셨다는 것입니다. 일반 분들과 신사의 거리는 우리들이 생각하고 있는 이상으로 먼 것이라는 현실을 알게 되었습니다. 당시 넷 서핑이란 말이 유행했습니다. 젊은이들이 여러 방면에서 홈페이지를 봐주시기 때문에 젊은 세대의 흥미를 유발하기 위한 제일보로써 홈페이지를 개설하기에 이르렀습니다.

만들 때는 세 개의 키워드를 염두에 두고 만들었습니다. 그것은, 1) 무료, 2) 즐거움, 3) 존엄입니다. 우선 먼저, 부친인 구지[宮司 : 신관]에게도 엄하게 당부를 받았습니다. 그것은 사례의 통신이나 배포 등에 돈 따위의 수수가 없을 것으로, '무료'라는 의미가 첫 번째입니다. 흥미를 가지게 하기 위해서는 즐거운, 유익이 되는, 리피터(반복하여 보는 사람)가 생길 수 있는 홈페이지를 만들지 않으면 의미가 없습니다. 즐거운 신사가 있어도 좋지 않을까라는 구상에서 만들었습니다. 이것이 두 번째입니다. 그리고 세 번째, 존엄, 이에 대해서는 가장 신경을 썼습니다. 그렇다고 하여 즐거우면 무엇이나 좋은가라는 문제가 있습니다. 실제로 신사가 존재하기 때문에 신사로서의 존엄을 무너트리지 않도록 만들기 위해서 신경을 썼습니다.

반향(反響)은 신사의 홈페이지로서는 일찍 시작했다는 것과 여성성직자가 맡고 있다는 진기함도 더해서인지 많은 매스컴에서 취급해 주셨습니다. 그 반향에 대해 신사계(神社界)의 반향과 일반 분들의 반향으로 나누어 이야기하고 싶습니다.

우선, 신사계에서도 젊은 세대는 흥미를 가지고 있어 긍정적이었습니다. 이어 홈페이지를 매스컴 등에서 취급하게 되사 도대제 무엇을 하고 있는가 라는 질문이 낙무하게 되었습니다 그렇지만 언젠가 모 신문[2]의 1면 톱기사에 '버추얼 참배, 바른가 그른가'라며 신세대 여성 성직자란 기사가 실렸습니다. 원래 그런 취지의 취재가 아니었기 때문에 이에 대해 가장 놀란 것은 저 자신이었습니다. 일부에서는 괘씸하다는 의견도 즐비하였습니다. 일반 사람에게 알기 쉽다고 붙였던 '버추얼'라는 말이 필요 이상의 거부

---

2 産経新聞, 1997년 8월 24일부.

반응을 불러 일으켰던 것입니다. 그리고 이것은 실제로는 보시지 않는 비교적 연령이 높은 분들로부터의 질타를 받게 된 계기가 되었습니다.

한편, 일반 분들에게는 호평을 받아 손으로 만든 따뜻함이 배어나는 신사라는 것뿐만이 아니라 이곳에서 일하는 사람들의 일도 아주 잘 알 수 있게 되어 좋았다는 메일을 받았습니다. 저희들이 감격했던 것은 해외로 부임하여 '올해는 하츠모우데를 할 수 없다고 단념하고 있었는데 뜻하지 않게 하츠모우데를 할 수 있어 올해도 열심히 살자는 힘이 생겼습니다'라는 메일이나 장애를 가진 분으로부터 '지금까지는 갈 수 없었지만, 처음 신사에 참배할 수 있게 되었습니다'라는, 생각지 못한 반응에 저희들도 깜짝 놀랄 정도였습니다. 이상이 홈페이지를 만든 '계기와 반향'입니다.

그런데, 홈페이지를 시작하여 3년이 지나니 이제는 즐겁고 알기 쉬운 것에서 앞으로의 인터넷 사회에서의 신도의 역할을 생각해야 할 시기가 되었다고 생각합니다. 앞으로의 일을 말씀드리기 전, 그럼 신도란 무엇인가에 대해 저 나름대로의 생각을 말씀드리겠습니다.

한 마디로 신도라고 말씀드려도 여러 종류가 있어, 신사신도(神社神道),[3] 교파신도(教派神道), 민속신앙(民俗信仰)으로 대별할 수 있

---

3 현재, 신사는 전국에 약 8만사 있다. 그 대부분은 신사 본청에 포괄되어 있

습니다. 그 중 신사신도 중에서도 신사본청(神社本庁)에 속하는 신사, 또 속해 있지 않은 신사가 있고, 이세계(伊勢系), 이즈모계(出雲系) 등 많은 분류가 있습니다. 그리고 현재는 인터넷상에만 존재하는 사이버 신사 등이 있는 듯합니다. 제가 봉직하고 있는 아타고 신사는 신사신도이기 때문에 이번에는 그 신사신도에 대해 말씀드리겠습니다. 저는 그 특징이 3개 있다고 생각합니다.

하나는 교조(教祖)가 없다. 두 번째는 교의(教義)・경전(経典)이 없다. 그리고 세 번째는 기본적으로 포교하지 않는다는 것입니다.

첫 번째 '교조가 없다'는 것은, 자연이나 선조에 대한 숭배의 마음에서 자연발생적으로 나타난 종교였다는 것으로, 사람은 죽어서 1년이 지니면 '오야가미(おやがみ, 親神様)'(선조신)가 되어 각 가정의 수호신, 달리 말하면 모든 사람이 신이 될 수 있다는 것입니다. 특정 교조가 필요 없는 이유의 하나가 될 것입니다.

두 번째 '교의・경전이 없다'는 것은, 일상생활과 대단히 밀착해 있는 신앙이기 위해서 우리들의 생활규범이나 상식, 양심에 근거하고 있다는 것입니다. 원래 최근에는 어떨지 고민한 적도

다. 받들고 있는 제신도 여러 가지이지만, 유명한 것으로서는, 하치만신(八幡神)을 제사하고 있는 八幡神社, 이나리신(稲荷神)을 제사하는 稲荷神社, 스가와라노미치자네(管原道真)을 제사하는 天神社 등이 있다. 신사의 역사는 일반적으로 생각하는 것 이상으로 극히 다양하다. 그리고 신사의 역사나 현상 등을 더욱 체계적으로 설명한 것으로서 국학원대학 일본문화연구소편, 『신도사전(神道事典)』(弘文堂, 1994년)이 있다.

있습니다. 이러한 양심이 어느 의미에서는 교의·경전이 되는 것입니다.

세 번째는 '기본적으로 포교하지 않는다'는 것입니다. 근본적으로 씨족신[氏神様]과 그 후손[氏子][4]이라는 지역색이 농후한 기본집단으로 성립되어 있기 때문에 신도를 넓히기 위해서 외부로 향한 포교활동은 하고 있지 않습니다. 이것이 반면 알기 어려운 원인이 되는지도 모릅니다. 소위 신도확보를 위한 마케팅으로서의 인터넷 이용과는 약간 다르다는 것입니다.

신도(神道)의 네트워크

마츠오카(松岡) 신도의 이미지는, 일반적으로 전쟁이라든가, 히노마루(日の丸), 야스쿠니문제(靖国問題)[5]라는 대단히 부정적인 이미지와 한편으로는 축제, 미코시(神輿), 하츠모우데(初詣)라는 이벤트적

---

4 같은 씨족신을 모시는 고장에 태어난 사람들.

5 靖国神社는 戦前은 육·해군성 소관의 別格官幣社였지만, 前後는 東京都知事 인증인 종교법인이 되었다. 1969년 自民党은, 靖国神社를 비종교화하여 국영화하는 취지의 靖国神社 법안을 국회에 제출하였다. 이것이 靖国神社 국가 보호 운동이라고 불렸던 것으로 이에 대해, 기독교, 신흥종교, 민주단체, 혁신정당 등은 동법안을 위헌이라고 반대운동을 전개하였다. 동 법안은 국회에 5회 제출되었지만, 74년 폐안이 되었다. 그러나 다음 75년부터 수상·각료의 사실상의 공식참배가 시작되었다. 이에 대한 반대운동도 일어나 아직도 여론의 일치를 보지 못한 채 있다.

양성 이미지가 양극화되어 있다고 생각합니다. 제가 생각하는 신도란, 나날의 일상에서 자연이나 부모, 모든 것에 감사하는 것, 자연 신이나 선조, 자신의 조상뿐만이 아니라 선조로부터 받은 은혜에 감사하는 마음을 가지는 것이라고 생각합니다. 자신도 언젠가는 '씨족신'이 될 존재이니까 오늘을 중시하는 것, 소중하게 살고 있는 것, 자기 자신에게도 감사하는 기분이 중요할 것입니다. 죽은 후를 좋게 하기 위해서 살기보다는 지금을 중시하며 살아가는 것이 신도(神道)의 마음 아닐까요?

아타고 신사 http://www.asahi-net.or.jp/~gx8r-mtok

또, 여러분이 이벤트라고 생각하는 신도적 의미의 가마(미코시)는 축제가 아니라 대제(大祭)의 의미로써 가마가 나온다는 것, 시치고상(7·5·3)이나 결혼식, 인생의례로서의 신도, 일상생활 안에서의 신도에 대해서도 전해줘야 할 의무가 있는 것이 아닐지요. 인터넷을 시작하고 나서 신도 내에는 네트워크적 요소가 상당히 내포되어 있다는 것을 알게 되었습니다. 세 개 들어 보면, 지역적 네트워크, 시간적 네트워크, 신과 사람의 네트워크입니다.

지역적 네트워크는, 앞에서도 말씀드린 바와 같이 씨족신과 그 후손이 신사에서의 기본 집단입니다. 이것은 이웃마을이라든가 마을 내 회라는 자의적인 것보다도 보다 강한 연대감을 갖는 것으로 권력적인 상하관계가 아닌 것이 특징입니다.

두 번째의 시간적 네트워크는 선조로부터 면면히 전해져 내려오는 것 그리고 지금 자신이 여기에 존재하는 한 이어서 차세대로 내려가는 것입니다. '참됨'이란 말을 신도에서는 자주 사용합니다. 변하지 않고 계속해 가는 것, 지역적 네트워크가 횡적 연결이라 하면 이 시간적 네트워크는 종적인 연결이라고 할 수 있습니다.

또, 신과 사람의 네트워크, 여기에 개재하는 것이 저희들 성직자란 존재입니다. 그것을 저희들은 '중개역'이라 칭하고 있습니다. 사람들의 소원을 신에게 기원하고 신덕[御神德]을 사람들에게 넓히는 신과 사람과의 네트워크 사이에 존재하는 미디어의 역할을 담당하는 통역자 입장이라고 말씀드리면 좋을까요?

나아가, 인터넷적인 요소에 '요배(遙拜)'가 있습니다. '요배'란, 실제로 신사에 갈 수 없어서 그 방향을 향해 참배하거나 국기를 통해 신궁(神宮)[6]을 참배하거나 합니다. 가미다나(神棚)[7]도 그 하나로 '요배'로써 신과 연결되어 있다고 느낍니다. 뒷 화면에서 보시겠지만 저희들 홈페이지에는 버추얼 참배라는 것도 있습니다. 실제 신사의 안내라는 의미도 있습니다. 게다가 언제나 신이 마음에 있다, 그러한 환경을 만들고 싶었습니다. 알기 쉬울까 싶어 붙인 '버추얼'라는 말에 아직도 반대는 있습니다. 이 페이지를 없애버리지 말기를 바란다는 소리가 많은 것도 사실입니다.

마지막으로, 앞으로의 인터넷 사회를 향해 저희들의 역할로서 세 개 들어 보겠습니다.

첫 번째는 어카운터빌리티(accountability), 설명책임이라는 것입니다. 신도란 무엇인가를 쉬운 말이나 표현으로 설명해 가는 것, 뭔지 알 수가 없어 흥미가 없다는 사람에게 여러 가지 각도에서 천천히 설명하여 그를 위해서 재미있고 유익한 홈페이지로 만들어 가는 것입니다.

두 번째로 미디어 리터러시[8]라는 것입니다. 예를 들면, 누가

---

6 이세신궁(伊勢神宮)을 말함. 이세신궁은 통칭이며, 정식명칭은 '신궁(神宮)'이나. 나른 明治神宮, 熱田神宮, 鹿島神宮 등, 신궁이라는 이름의 신사는 몇 개 있지만, 이세신궁은 황실의 선조신을 제사지내는 신사라는 것으로, 옛부터 別格의 취급을 받고 있다.

7 집안에 신을 모셔 놓은 감실.

봐도 논리적으로 문제가 있는 단체가 있다고 합시다. 이 단체가 만든 홈페이지가 대단히 재미있어 리피터가 되기도 합니다. 단지, 바라만 보고 있다가 어느덧 모르는 사이에 그곳의 윤리관(倫理觀)에 빠져 버리는 이것이 인터넷의 무서움의 하나입니다. 체크기관이 없는 현황에서 그것은 아니라고 공격하는 것이 아니라 다시 한 번 이것이 모두에게 좋은 것인지 재고하기 위한 환경 만들기를 저희들이 담당해야 하는 것이 아닐까요. 신도에서 말하는 바인 '깨끗하고, 밝고, 바르고, 곧바른(浄く, 明るく, 正しく, 直く)', 깨끗하고 밝고 정직한 마음으로 판단할 수 있는 환경 만들기라는 점입니다.

그리고, 세 번째는 '답다'로 되돌아가는 공간입니다. 교육, 가정, 경제 모든 것이 변해버린 현대에 다시 한 번 신을 느끼고 선조 내지는 부모나 연장자를 존경하고 은혜에 감사하는 신도라는 것이 이해될 수 있는 곳으로 본래 우리들이 가지고 있는 가치관이나 윤리관, 상식을 재구축하여, 다시 한 번 자기 자신에게 되묻는 공간작성이 되어야 하는 것이 아닐까요. 인터넷 시대이기 때문에 마음의 평화가 중요하며 팽배한 정보 속에서 판별하는 눈, 가르쳐 받는 것이 아니라 마음 속으로 느끼는 환경작성을 해 나가

---

8 media literacy. 컴퓨터에 대표되는 정보미디어를 적절하게 구사하는 능력을 말함. 단순하게 기술적으로 사용하는 것만이 아니라 사용하는 의미, 그 영향 평가 등도 포함한다.

야 하는 것이 아닐까 하고 생각하고 있습니다. 이상입니다.

이시이(石井) 감사합니다. 홈페이지를 개설할 당시 반대도 있었다는 것은 귀중한 이야기였다고 생각합니다. 아타고 신사의 홈페이지에는 '제비'를 뽑게 되어 있죠. 이것을 본인이 디자인하여 만드신 것입니까, 좀 해볼까요?

마츠오카(松岡) 상담하였고 프로그램은 친구에게 부탁했습니다. 아, '길(吉)'이 나왔군요.

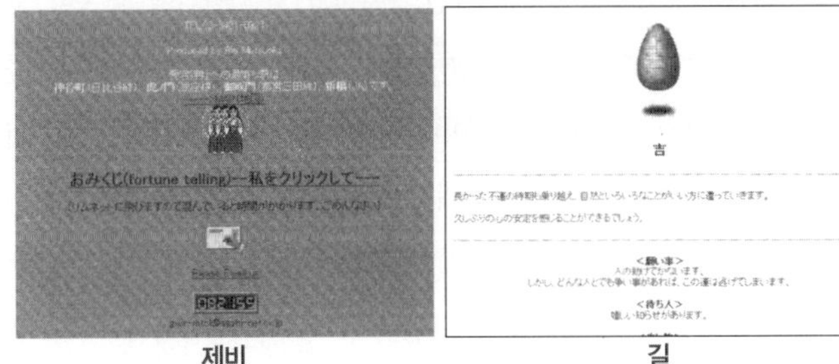

제비   길

http://www.kt.rim.or.jp/˜noh/unsei7.html

이시이(石井) 감사합니다. 좌중의 여러분도 여러 가지 질문, 관심을 갖고 계실 것이라고 생각합니다. 다음 고바야시(小林)씨에게 이야기를 들어보도록 하겠습니다.

포스트에이오스(POSTEIOS) 연구회

고바야시(小林) 정토진종(浄土真宗) 본원사파(本願寺派) 장염사(長念寺) 주지인 고바야시(小林)입니다. 전통불교의 입장에서 이야기를 하겠습니다. 저도 역시 정토진종[9]을 대표하고 있어 말하기 어려운 점도 있고 하물며 전통불교의 대표 따위는 황송하여 도저히 말씀 드릴 수 없습니다. 저희들은, 현재 포스트에이오스 연구회라는 연구회에서 홈페이지를 작성하고 있습니다. 저는 그 대표자의 한 사람이란 입장에서 발언하겠습니다.

우선, 포스트에이오스 연구회에 대해 설명하겠습니다. 현재 저희들 회원은 정토진종 본원사파인 도쿄교구(東京教区)에 소속한 승려에 한정하고 있습니다. 도쿄교구라고 하면, 본원사파에서는 관동(関東) 일도육현(一都六県)에서 야마나시(山梨), 시즈오카(静岡)를 더한 일도팔현(一都八県)으로 광범위하게 걸쳐져 있습니다. 현재 회원은 70명 있습니다. 그러기에 저희들 홈페이지는 정토진종의 공식 페이지는 아니지만 개인 것도 아닙니다. 일단, 단체에서 여러 협의를 걸쳐서 기사에 싣는 형태를 취하고 있습니다.

---

9  鎌倉時代에 신란(親鸞, 1173-1262)에 의해서 시작된 불교종파. 江戸時代 초기에 동서로 나누어졌다. 이것이 세속에서 각각 '오히가시(동쪽)', '오니시(서쪽)'로 불려지는 大谷派와 本願寺派이다. 본산은 어느 것도 京都. 현재는 더 세분된 파로 나누어져 있다.

회원을 도쿄교구로 한정한 것은 얼굴도 마음도 아는 사람끼리 진행해 가자란 생각에서 그렇게 한 것입니다. 당초 연구회는 이 고도정보화사회에 대응한 전도, 포교의 행방을 서로 공부하려고 시작한 그룹입니다.

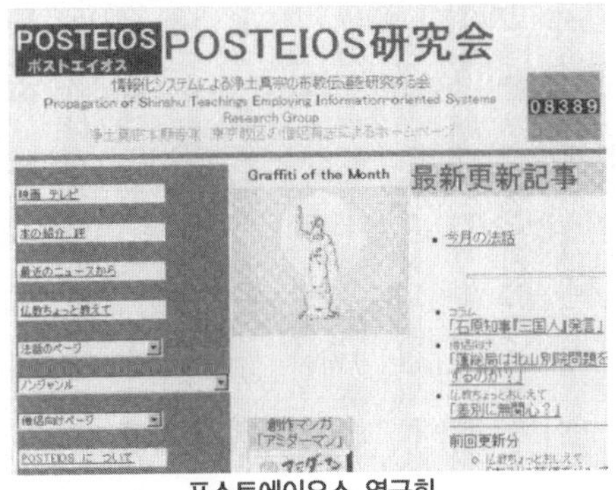

포스트에이오스 연구회
http://www2s.biglobe.ne.jp/~posteios/index.html

처음에는 그야말로 컴퓨터의 사용법에서 시작했습니다. 그 활동 속에 먼저 홈페이지를 만들어 이와 병행하여 메일링 리스트를 시작하였습니다. 메일링 리스트[10]에서는 이를 이용해 회원 70명이 의견을 늘 교환하고 있습니다. 정보교환이 주이기에 이 가

10 인터넷의 주요한 이용법의 하나. 메이링리스트의 멤버끼리가 일대 다로, 메일을 주고받을 수 있다. 즉, 멤버 한 사람이 메일을 발신하면, 자동적으로 그것이 다른 멤버 모두에게 수신되는 구조이다.

운데에서 화제가 된 것을 홈페이지에 실어 가는 그런 사용방법도 하고 있습니다. 지금, 여러 가지 반향이 있고 도쿄교구에만 한정하지 말고 동호인을 더욱 넓히는 방식이 좋을 것이라는 의견도 나오고 있습니다.

그럼 홈페이지 내용에 대해 소개하겠습니다. 지금 첫 페이지 화면에서 보시는 바처럼 일반 대상과 승려 대상의 두 개 체제로 되어 있습니다. 일반 대상의 것은 저희들 승려의 의견이랄까 생각을 많은 분에게 널리 알리고 싶다는 생각에서 만들고 있습니다. 그리고 승려 대상의 것은 본원사파 승려로서 어떻게 할 것인가를 생각하면서 만들고 있습니다. 종문에 광고지 등은 있습니다만, 정보소스가 한정되어 있고 일방적인 정보로 그것이 충분히 전해 오지 못하는 면이 있습니다. 그러기에 종문 내의 매스컴적인 입장도 취하는, 홈페이지에서는 그런 이용방법도 가능하여 승려 대상 페이지도 만들고 있습니다. 단지 단순비판이 아니라 회원 상호간의 의견을 교환하면서 종문에 대한 건설적인 의견을 물어보며 간다는 자세로 진행하고 있습니다.

또, 도쿄교구의 특징으로는 '도시개교뉴스'란 페이지도 가지고 있습니다. 정토진종 본원사파에서는 종문으로써 도시개교를 하고 있습니다. 수도권에 전도, 교화의 거점을 만들려고 활동하는 승려에 대해 종문으로써 도움을 준다는 사업입니다. 그것에 우리들 도쿄교구의 승려도 원조하려는 것으로 그런 관계의 정보를 많이 실어 가는 활동입니다.

그것과 지금까지 홈페이지에 여러 가지 의견이 실려 있는 것에서 고민이나 질문을 받는 코너를 실어 즉석에 대응할 수 있도록 '가케코미절(駆け込み寺 : 뛰어들어간 절)'[11]이란 코너도 만들었습니다. '가케코미절'이라고 해도 긴급한 질문보다는 일반적인 질문 쪽이 아직은 많습니다. 고민이나 질문을 할 수 있는 만큼 즉석에서 대응할 수 있는 태세로 정리하고 있습니다.

일반 대상 페이지 내용은 다음과 같이 되어 있습니다. 기본은 포교의 가장 중심에 '법화' 코너가 있습니다. 또 여기에는 창작만화 등도 싣고 있습니다. 다음에 '최근 뉴스'라는 코너가 있습니다. 여기에는 불교관계에 한정하지 않고 사회에서 일어난 사건 등에 대해 승려의 입장에서 코멘트를 하고 있습니다. 불자 입장에서 코멘트하고 있는 것입니다. 불자의 입장에서 이에 한마디 언급하고 싶은 것을 차례차례 실어놓고 있습니다. 포스트에이오스에 가면 무언가 있다, 지금 일어난 이 문제에 대해 그들은 어떤 의견을 가지고 있는 것일까 등 언제나 관심을 가지고 봐 주시면 하는 뜻에서입니다.

---

11 에도 시대 처가 도망가, 일정 기간 그 절에 있으면 이혼의 효과가 생겼던 절. 緣切寺이라고도 한다. 특히 鎌倉의 東慶寺가 유명하다. 오늘날에는, 원조·보호·상담을 하기 위해 도피하는 관계기관이나 시설이란 비유적인 의미에서 사용된다.

이 같은 점이 종문의 공식 페이지와는 다른 점입니다. 공식 페이지가 되면 운영상 아무래도 통일적인 견해가 나올 때까지 시간이 걸리거나 나오지 않거나 하는 것이 많습니다. 하지만, 저희들은 자유로운 입장에 있기 때문에 즉석에서 대응할 수 있습니다. 그러므로 저희들은 사회의 움직임에 즉시 대처할 수 있는 이 코너를 홈페이지의 중요한 기둥의 하나로 생각하고 있습니다.

'불교를 조금 가르쳐 줘'라는 코너에서는 불교에 대한 질문에 가볍게 답하고 있습니다. '가케코미절'이란 코너에서는 질문을 포함해 누구나 흥미를 가질 수 있는 불교에 관한 의문, 질문을 취급하고 있습니다.

그리고 '영화, 텔레비전, 서적' 코너에서는 소개나 비평 등 불자의 입장에서 흥미를 끈 것을 소개하고 있습니다. 그 외 이제까지의 어디에도 해당하지 않는 내용의 것을 기타 코너로 만들어 싣고 있습니다. 여기에서는 여행기 등도 싣고 있습니다.

또 저희들 동료 사이에서 불교 정보에 대한 최근 소식을 알고 싶다는 요망이 나왔습니다. 이것은 메일링 리스트를 활용해 가는 중 모두가 생각한 것입니다. 저희들은 신문, 잡지 등에서 취급한 불교에 관한 것 중, 아무래도 정토진종에 관한 것에 관심이 갑니다. 그러나 개인이 모든 것을 체크할 수 없습니다. 그래서 각 신문이나 잡지의 담당자를 정해서 메일링 리스트를 이용해 관련기

사를 차례로 소개하도록 하고 있습니다. 그것을 정리해서 '불교정
보 주워 읽기'라는 코너에서 기사를 다 싣고 있는 것은 아니고
기사의 요점을 소개하고 있습니다.

기쁨과 고민

고바야시(小林) 다음으로 홈페이지 작성 방침에 대해 말씀드리겠
습니다. 우선, 홈페이지를 70명 전원이 만드는 것은 무리이기 때문
에 현재 10명의 편집위원이 홈페이지 작성을 직접 담당하고 있습
니다. 가끔 모이지만, 전원이 승려로서 사원활동을 하고 있으면서
한편, 원고 체크, 그 외 편집실용 메일링 리스트를 만들어 부지런
히 의견을 교환하면서 문장 정리의 작업을 하고 있습니다.

그리고 편집의 기본 입장으로는 저희들이 이 홈페이지에 의한
지원활동으로써 완결된다고는 결코 생각
지 않습니다. 어디까지나 일상적인 사원
활동의 지원이 이 홈페이지의 목적입니
다. 그러므로 종문의 교의나 역사를 체
계적으로 취급하는 페이지는 만들고 있
지 않습니다. 그런 페이지는 따로 있어
그에 맡기고 오히려 현시점의 우리들 종

고바야시 타이젠씨

문, 사회가 어떠한가라는 견지에서 홈페이지를 만들어 간다는 자세입니다. 그래서 그 기사를 읽어 가는 사이에 절에 친밀감을 가질 수 있다면 그것으로 감사하다는 바람입니다.

홈페이지의 다른 하나의 중요한 목적으로서는 일반 사람과의 연결입니다. 절이라고 하면, 역시 신도와 절, 그리고 주지란 관계가 기본이 되기에 직접 접점을 가지지 않은 사람이 절을 방문한다는 것은 아무래도 어려운 상황에 있습니다. 그렇지만, 홈페이지는 적어도 관심이 있는 분이라면 가볍게 접근할 수 있습니다. 근처가 아니라도 오히려 세계 어디에서도 접근할 수 있는 것입니다. 그러기에 절과의 접점으로서 홈페이지가 대단히 좋은 역할을 하고 있다고 생각합니다.

그리고 기사 내용에 대한 책임 문제는 홈페이지 작성 면에서 피할 수 없는 점입니다. 특히 승려대상인 페이지와 '최근뉴스'라는 코너 등은 현실적인 대응 문제이기 때문에 스탠스에 의한 홈페이지 그 자체 평가에도 연결됩니다. 우리들은 사회와의 접촉으로는 종문의 공식 페이지가 아니라는 강점을 살려가려고 힘을 쏟고 있습니다. 이것은 종문 공식 페이지가 아니기에 책임이 없다는 것이 결코 아닙니다. 현재를 사는 승려로서의 의견을 정당하게 실어 가는 그것으로 종문이나 사회의 여론을 형성해 갈 수 있다면 하고 바라는 것입니다. 그런 의미에서 모든 것을 서명 기사화하여 책임 있는 발언을 실어갈 방침입니다.

홈페이지를 만들어 가는 운영상의 기쁨이라든가 고민에 대해 이야기하고 싶습니다. 기쁨으로써는 세대나 지역을 초월한 사람들과의 연결이 가능해져 간다는 것입니다. 인터넷을 하고 있는 분의 연령 이야기가 앞서 잠시 나왔습니다. 정말로 폭넓습니다. 젊은 사람만인가 하면 그것도 아닌 듯합니다. 또 해외에서의 조회도 상당히 많습니다. 특히 승려에 대해서는, 지금 개교사(開教使)[12]에서 해외에 계신 분이 일본 상황을 알기 위해서는 '도시개교뉴스'가 대단히 도움이 되기 때문에 관심을 가지고 보고 계신다는 이야기도 있습니다. 어쨌든, 절에 선뜻 올 수 없던 사람이 불교에 관심을 가지고 의견을 보내주고 있는 그리고 질문이란 형태가 아니라도 여러 가지 형태로 접근해 주신다는 것에서 정말로 기쁨을 느끼고 있습니다.

그리고 고민은 우선 문장 작성상에서의 불교 전문용어의 취급입니다. 홈페이지는 일반인 대상이 기본입니다만, 우리들 승려는 아무래도 전문용어에 의존하는 경향이 있습니다. 승려 사이에서는 전문용어 하나로 모든 것이 해결되는 경우가 있으나 일반인 대상의

---

12 아직 불교가 퍼지지 않은 땅에서, 불교를 넓히기 위해 활동하는 승려를 가리킨다. 이 말은 근대 해외나 北海道 등에서 새롭게 포교를 행하는 승려에 대해서 사용하였다. 초기 開教使는 淨土眞宗 승려가 많았다. 일본인이 이민을 많이 간 하와이나 미국 본토에는 戰前부터 많은 개교사가 파견되었다.

경우에는 그렇게는 가지 않는다는 것이 가장 큰 고민의 씨앗이었습니다. 이 점을 배려하며 문장을 작성하고 있습니다.

또 다른 하나의 고민은 악의를 가지고 접근해 오는 분이 있다는 것입니다. 이것을 구분하는 것은 대단히 어렵고 첫 조회만으로는 알 수 없습니다. 몇 건인가 이런 사람들의 접근을 받아 기분이 나빴었고 그것이 반복되면 우리들은 고민을 진짜로 가진 분의 질문에 대해 필요 이상의 경계심을 갖게 될 것입니다. 메일만으로는 악의인지 어떤지 구별하기 매우 어렵기 때문에 어떻게 구별해야 할지 대단한 고민거리입니다. 보다 많은 분이 홈페이지를 봐주었으면 하는 생각으로 내용이나 기술적인 것을 여러 가지 검토하고 있습니다. 게시판이란 방식, 차트와 같은 방식으로 페이지를 만들어 갈까도 생각해 보았습니다. 그러나 역시 70명 있어도 각각 사원활동을 하고 있는 승려들이기에 언제나 게시판에 눈을 붙이고 있을 수도 없습니다. 악의 있는 문장이 실려질 경우의 체크를 세심하게 다 하지 못하기 때문에 이러한 이유에서 지금은 도입을 생각하고 있지 않습니다.

이시이(石井) 감사합니다. 그럼 다음으로 가톨릭중앙협의회[13]의 마츠쿠마씨(松隈氏)에게 부탁하고 싶습니다.

뒤늦게 참여

마츠쿠마(松隈) 가톨릭중앙협의회의 마츠쿠마(松隈)입니다. 가톨릭
중앙협의회의 자료에는 정보를 발언하는 것과 동시에 정보를 수
집하는 것이 크게 강조되고 있습니다. 이것이 인터넷의 혜택이기
때문에 제가 준비한 자료도 다소 그런 분위기가 있다고 생각합니
다. 홈페이지는 뒤에 정리해서 소개하겠습니다.

가톨릭중앙협의회
http://www02.so-net.ne.jp/~catholic/Jpn.htm

---

13 가톨릭의 일본 내 법인명으로, 전국의 소교구교회 · 수도원 등을 포괄하는
종교법인. 그 연원은, 1941년에 조직된 '일본천주공교교단(日本天主公教教
団)'으로 거슬러 올라간다. 이것은 종교단체법의 시행에 있어 교회 · 수도회
를 포괄한 조직으로써 편성된 것이다. 전후 1945년, 종교법인령 시행 때
'천주공교교구연맹(天主公教教区連盟)'으로 하였고, 나아가 51년 종교법인
법의 시행에 따라서 52년 현재의 '가톨릭중앙협의회'로 개칭하였다.

다른 토론자의 모든 분들과 같이 저도 기독교를 대표해서 이야기할 수는 없고 가톨릭교회를 대표하는 것도 아닙니다. 가톨릭교회는 세계에서 약 10억의 신자가 있습니다. 수도회, 선교회, 각종 단체는 세계의 국경을 넘어 활동하고 있기 때문에 인터넷을 사용하지 않고는 생각할 수 없습니다. 이것을 사용해야만 정보를 주고받는 것이 제대로 이루어지게 됩니다. 정보의 수수는 대단히 스피드업 해 왔습니다.

세계 가톨릭교회에서는 일찍부터 인터넷을 이용하고 있습니다. 일본은 다소 늦어 저희들 홈페이지는 97년부터 시작했습니다.

동기는 '일본은 아직 안 합니까'라고 외국인에게 지적을 받았기 때문입니다. 벌써 몇 년 전부터 외국인의 명함에는 전자메일 주소가 적혀 있었습니다. '당신은 없습니까'라고 물어와 잠시 꽁무니를 뺀 적이 있습니다.

또 하나는 일반 신자가 '가톨릭교회'라는 제목의 홈페이지를 만들어 버린 것입니다. 그것은 좀 곤란하기에 '미안합니다만 좀 괜찮겠습니까'라고 정중하게 말씀드리고 문을 닫게 하였습니다. 그 분에게는 쉽게 허락을 받았습니다. 전혀 악의는 없었기 때문에 좋았으나 이런 일도 있고 하여 저희들도 홈페이지를 열었습니다.

신자 이 외의 일반분이 가톨릭교회에 어떠한 이미지를 가지고 계시는지 대체로 모릅니다. 조직적인 면에서 말하면, 일본에서는

16교구[14]로 나누어져 각각의 교구에 주교가 있습니다. 그들이 각 교구의 전 책임을 가지고 있습니다. 그렇기 때문에 가톨릭중앙협의회는 결코 중앙기관이 아닙니다. 어느 의미에서 국제연합 방식과 같다고 생각하시면 좋을 것입니다. 국련(国連)의 결정이 비준되는지 되지 않는지는 각 나라에 맡겨지는 것과 같이 각 교구는 독립해 있습니다. 가톨릭중앙협의회가 교구를 뛰어넘어 정보를 발신하는 것은 매우 한정되어 있습니다. 기본적으로 지금은 공문서를 흘리는 정도에서 멈추고 있습니다. 앞으로는 이러한 것부터 토론해 가야만 한다고 생각하고 있습니다.

교회에서는 신부님들이 고령화 경향을 띠고 있습니다. 그리고 어느 종교도 같다고 생각합니다. 인터넷에 관심이 있는 신부님들도 있으나 관심이 없는 분은 전혀 관심이 없기에 대단히 복잡합니다. 그러므로 정보화에 대한 대응은 여러 가지입니다. 실제를 말씀드리면 팩스가 각 교회에 들어간 것도 비교적 최근의 일입니다. 이것이 인터넷이라면 도대체 어떻게 될 지 저도 기대하고 있습니다.

---

14 삿포로교구(札幌教区), 센다이교구(仙台教区), 니이가타교구(新潟教区), 우라와교구(浦和教区), 도쿄교구(東京教区), 요코하마교구(横浜教区), 나고야교구(名古屋教区), 쿄토교구(京都教区), 오오사카교구(大阪教区), 히로시마교구(広道教区), 다카마츠교구(高松教区), 후쿠오카교구(福岡教区), 나가사키교구(長崎教区), 오오이타교구(大分教区), 가고시마교구(鹿児島教区), 나하교구(那覇教区)의 16교구.

가톨릭교회는 학교, 유치원, 병원, 여러 가지 일을 하고 있습니다. 신자들도 각각 관여하고 있는 일에 따라서 문제의식은 달라집니다. 이것은 당연합니다. 한 마디로 가톨릭 신자라 해도 사고방식은 여러 가지입니다. 전통적인 사고를 고집해서 앞으로 한 발짝 나올 것인가 하는 분부터 세상의 변화에 어쨌든지 적응해 가려는 분까지 여러 가지입니다. 어찌됐든 시대에 적응해 가려는 분들이 자유롭게 홈페이지를 열어 정보발신을 시도하기도 하고 있습니다.

따라서, 수신자들의 주체성이 대단히 문제되고 있습니다. 반 년 정도 전에 '로마교황 요한 바오로 2세[15]의 일본 내왕이 결정되었습니다. 이것은 신뢰할 수 있는 정보에서 들은 소식입니다'라는 내용이 어느 홈페이지에 실린 적이 있었습니다. 그것을 보고 '정말입니까, 나도 꼭 가고 싶습니다'라는 조회가 쇄도했습니다. 그러나

---

15 제264대 로마교황(법왕). 1920년, 폴란드에서 출생. 본래 이름은 캐롤 요셉 보이티바. 야기에워대학에 입학하였지만, 부친의 사후 이제까지 배웠던 언어학을 버리고 신학교에 들어간다. 그 후, 교황청립의 안제리쿰대학에서 수학하여 박사가 된다. 56년에 루브린대학에서 논리학 정교수가 되었고 강의는 학생들에게 인기가 있었다고 한다. 58년, 38세로 폴란드 최연소 사제가 되었다. 63년에는 클라크 후의 대주교, 다음 해에는 수도의 대주교가 되었다. 또한 67년에는 추기경으로 임명된다. 1978년 10월 16일에 교황으로 선출되어, 요한 바오로 2세가 되었다. 슬라브인으로서는 첫 교황으로 이태리인이 아니라는 것도, 450년 만이었다. '하늘을 나는 법왕'이라고 불려질 정도로 세계 각지를 방문하여 평화를 강조해오고 있다.

이것은 거짓으로, 이런 틀린 정보가 당당하게 발표되기도 하는 것입니다. 정보를 그냥 삼키는 것은 위험합니다. '이것은 틀리지 않을까'라고 의심될 때, 그곳에 들어가면 틀림없는 정보가 나온다고 확신하는 사이트―틀림없다는 것은 좀 이상합니다만―가 있을지 어떨지, 그런 일이 문제된다고 생각합니다. 그런 역할을 담당하는 것이 우리들 가톨릭중앙협의회의 페이지에 있다고 생각합니다.

다음은 신자에게만 한정되는 것은 아닙니다. 흘린 정보를 그대로 믿는 것이 아니라 '그 정보는 틀렸을지 몰라'라는 전제하에서 자기 스스로 확인해 보는 주체성이 문제된다고 생각합니다. '신자 교육'이라면 지나칠지 모릅니다. 요는 스스로 분명하게 생각할 수 있기 위해서 도전해야 한다고 생각합니다. 이것도 앞으로의 과세입니다.

메일링 리스트의 귀찮음

마츠쿠마(松隈) 그리고 앞서 여러 가지 이야기가 나온 메일링 리스트는 가톨릭교회 안에서도 많습니다. 이것은―말해도 좋을까요 분열을 반복할 경우기 있습니다. 싸워서 누군가기 니기 비린다, 나간 사람들이 또 만든다는 분열을 반복합니다. 지금은 안정된 듯한데 제일단계는 넘어간 듯합니다.

마츠쿠마 야스후미씨

실은, 오늘 아침 이 쪽에 오기 전에 전화 한 통을 받았습니다. 사이타마현(埼玉県)에 있는 프랑스인 신부님으로부터였습니다. 미국 뉴욕에서 유학하고 있는 여신도가 어느 메일링 리스트에 들어가려고 하자, '당신은 우리들의 동료가 될 자격이 없습니다'라는 충격적인 말을 듣고 대단히 상처받았다는 내용이었습니다. 메일링 리스트는 비방중상이 시작되면 대단한 모양입니다. 이것은 좀 생각해야 할 문제입니다. 사람과 사람을 연결하는 것이라면 인터넷을 사용해도 괜찮다고 생각합니다. 그러나 사람에게 분열을 가져오는 것이라면 어떨지, 라는 생각이 듭니다.

옛날에는 선교사[16]가 로마에 편지를 보내는데 1년 걸려 도착하고 또 1년 걸려 답장이 돌아온다는 대단히 온화한 시대였습니다. 예를 들어 싸운 뒤 2년 정도 지나면 어느 정도 안정이 되어 있어서 서로 이야기를 나눌까 하는 기분이 드는 시기입니다. 그렇지만, 지금은 팩스 1장으로 세계 속으로 순식간에 정보가 나돌며 전자메일은 곧 도착하고 휴대전화도 운다는 상황입니다. 그래서

---

16 넓게는 종교의 가르침을 넓히는 사람을 의미하지만 일반적으로는 해외에서 포교·전도활동을 하는 기독교 수도사나 신부 등을 말한다.

지방 활동에 대해 중앙의 개입이 강하거나 하면 그것은 좀 곤란하지 않을까요? 각자의 지역에는 독자적인 문화가 있고 독자적인 습관이 있습니다. 그것을 어디까지 받아들여가야 할 지라는 문제에도 연결된다고 생각합니다.

정지화상(靜止画像), 동영상이 인터넷에서 흐르는 것은 이제 상식입니다. 벨기에에 있는 베네딕트[17] 수도회에는 성서의 컴퓨터처리를 10수년 전부터 해오고 있는 분이 있습니다. 그렇지만 그는 화상을 절대로 사용하지 않는다고 합니다. 왜냐면 그것은 성서 설명을 할 때 중세 시대의 천사가 날아오는 모양의 그림을 사용하면, 성서란 그런 것이라는 이미지를 보는 사람에게 부여해 버려 그것으로 좋은가라는 것 때문입니다. 성서는 각각의 시대에 메시지를 전하는 것입니다. 과거 중세 시대의 이미지에 언제까지나 붙잡혀 있을 수는 없습니다. 그림을 사용한다는 것은 매우 신경이 쓰이는 것입니다. 아무거나 좋다고는 할 수 없습니다.

들으신 적이 있을지 모릅니다만, 가톨릭교회에서는 '고백성사'라 불려지는 비적(秘跡)이 있습니다. 옛날에는 '고해'라 하였고 교회 밖에서는 '참회'라고도 불려지고 있습니다. 이 고백을 전화나 전자메일을 사용하여 신부에게 죄를 고백하는 것으로 유효한지

---

17 가톨릭 수도회의 하나. 이태리의 베네딕트스(480~547)가 정한 회칙에 따르는 수도회. 엄격한 규율에 따라 전원이 기도와 노동 생활로 보낸다는 것으로 중세 서양 수도회의 기본이 되었다.

무효한지, 라는 것이 유럽, 미국에서는 자주 문제가 됩니다. 고백에 관한 논쟁은 지금에 한한 것이 아니라 새로운 미디어가 생겨나면 반드시 반복되는 문제인 듯합니다. 라디오 방송이 시작할 때도 그랬고 텔레비전 방송이 시작할 때도 그랬습니다. 이 문제의 해답은 일단 'NO'입니다. 고백 등의 교회 활동을 대신할 수단으로서 인터넷이 사용될 가능성은 지금은 없습니다. 사람과 사람이 만날 때 하나의 도구로서는 많이 사용해도 괜찮다고 생각합니다.

교회가 발하는 상당한 정보

마츠쿠마(松隈) 잠시 소개하고 싶은 것은 정보발신 보다도 가톨릭교회의 수신정보에 대한 것입니다. 여기에 가지고 온 것은 매일 바티칸에서 보내져 오는 정보입니다. 이것은 바티칸[18] 사이트에서도 하루 늦게 직접 받을 수 있습니다. 그 날 안에 전자메일로 보내져 옵니다. 제 손에 있는 것은 어제의 것으로 2페이지 분량으로 적습니다. 많을 때는 몇 십 페이지나 됩니다. 또 하나는, 바티칸 내의 복음선교성이란 곳에 소속한 통신사가 내고 있는 세계

[18] 
로마 교황청을 말함. 또, 이탈리아의 로마 시내에 있는 면적 0.44평방킬로미터의 세계 최소의 독립국을 가리킨다. 6세기에 교황청이 두어진 이후 로마 가톨릭교회의 중심이 되었다. 바티칸궁전, 산 피에트르 사원 등이 있다.

산 피에트르 사원

속의 뉴스를 모은 것입니다. 이곳도 홈페이지가 있습니다. 그리고 이것은 미국 가톨릭통신사가 보낸 것으로 11월 5일 것입니다. 20 페이지 있습니다. 매일 내고 있습니다. 다른 하나를 보여드리겠습니다. 이것은 타이 방콕에 본부가 있는 통신사입니다. 월요일부터 금요일까지 서쪽은 파키스탄에서부터 동쪽은 일본까지의 뉴스를 보내고 있습니다. 9페이지에 달합니다. 이런 정보가 흐르고 있기 때문에 인터넷이 없으면 곤란한 것입니다.

우리들이 만든 사이트를 화면에서 보여 드리겠습니다. 마침, 도카이(東海)사업소 임해사고에 관한 요망서가 나와 있습니다. 그리고 이것은 공문서 리스트입니다. 지금 나와 있는 화면 밑쪽은 일본 교회의 공식문장, 위쪽은 교황 요한 바오로 2세의 1월 1일 '세계평화의 날' 메시지를 번역한 것입니다. 우리들은 이러한 공문서를 보내는 것을 서비스하고 있습니다. 그리고 금년 10월, 프란치스코 사비에르[19]의 '오른손'이 일본에 와서 가고시마(鹿児)섬 등 서일본을 순례했습니다. 이 화면은 그 때의 것입니다.

우리들 홈페이지도 몇 개의 링크가 있습니다. 일본 국내 링크에

---

19  Xavier, Francisco(1506~52). 하비에르라고도 표기한다. 스페인 예수회 창시자. 일본에 최초로 도래한 선교사로서 유명. 일본에 온 것은 1549년 8월이었기에 그 450년에 해당하는 1999년 여름에는 기념행사가 행해졌다. 또, 성유물인 사비에르의 '오른손'이 로마에서, 아마구치현(山口県) 사비에르기념관으로 와 전시되었다.

도 여러 가지 있으나 교구, 각 교회 등 실은 아직 많이 있습니다. 그러나 아직 연락이 서로 취해져 있지 않은 것이 현상입니다.

가톨릭 속에서 추천할 만한 사이트로서는 여성 바오로회[20] 수도회의 홈페이지가 매우 잘 되어 있습니다. 여성 바오로회이기에 만들고 있는 분은 모두 여성으로 대단히 섬세하게 배려하고 있습니다. 이 페이지에다 여러 질문을 한 것이 계기가 되어 교회의 문을 두드렸다는 분이 있다고 합니다. 보시는 바와 같이 매우 아름다운 페이지입니다.

해외의 링크를 소개하면, 우선 바티칸의 홈페이지로서 이것은 매우 무겁습니다. 이야기를 듣자니 로마 교황청의 홈페이지는 서버가 세 개 있어, 미카엘, 라파엘, 가브리엘 대천사[21]의 이름이 붙어 있다고 합니다. 이것은 무슨 뜻일까요 페이지 밑쪽에 영어나 프랑스어, 스페인어, 수 개 국어를 선택하는 버튼이 있습니다.

그리고 여기는 홀리 파더, 즉 역대 교황이 나옵니다. 로만 큐리

---

20 정식으로는 성바오로 여자수도회. 1925년, 이탈리아에서 창립되었다. 일본에서는 1948년에 수도원이 개설되었다. 그리스도교 포교를 위한 서적이나 비디오 제작에 열심이다.

21 그리스도교의 대천사는 7명 있다고 한다. 그 중에서도 유명한 미카엘, 라파엘, 가브리엘, 우리엘의 4대천사가 있다. 중세 이전 아직 천사 계급이 없었을 무렵, 대천사가 가장 높은 지위였다. 그러나 그리스도교회에서 가장 지지를 얻게 되어 대천사는 그 8번째 계급으로 위치하게 되었다. 다만, 구약·신약성서에 실제로 이름을 보이며 나타나는 것은 미카엘과 가브리엘이다. 그 외의 천사는, 구약·신약성서의 正典에는 수록되어 있지 않은 아포쿠리파라고 불려지는 성서의 僞典·外典 등에 이름이 나온다.

아, 이것은 로마의 여러 가지 성이 나옵니다. 뉴스 서비스라는 것도 있습니다. 여기에서는 아까 본 바티칸으로부터의 뉴스가 하루 늦게 들어오는 곳입니다. 그리고 교황의 회칙이라든가 서간이 나옵니다. 실은 동영상도 있습니다. 수요일에는 교황이 일반 알현을 합니다. 그 모습이 동영상으로 전 세계에 흐릅니다.

이처럼 가톨릭교회에서 인터넷은 이미 자연스럽게 사용되고 있습니다. 가톨릭에 관한 뉴스 서비스를 보고 싶을 때, 로이터 통신사의 뉴스에서 가톨릭을 검색하면 일제히 나옵니다. 그것을 우리들도 보고 있는 것입니다. 그러므로 어느 의미에서 교회는 세계 속에서 알몸이 되어 있다고 해도 좋겠죠. 그러므로 앞으로는, 정보를 감춘다─감춘다고 해도 별로 이상할 것은 없습니다만─가 아니라 적극적으로 정보를 발신해 간다는 사고를 가지고 있지 않으면, 안 되지 않을까요. 이것도 앞으로의 과제라고 생각합니다.

이시이(石井) 감사합니다. 이렇게 해서 실제로 홈페이지를 보면, 단지 종이로 보는 것 이상으로 영상이 가진 정보량의 크기를 절실히 느낍니다. 그러면 다음으로 신뇨엔(真如苑) 사회교류과의 시타라씨(設楽氏)에게 들어 보겠습니다.

인터넷에 대한 기대와 두려움

시타라(設楽) 신뇨엔(真如苑) 사회교류과의 시타라입니다. 잘 부탁 드리겠습니다. 잘 모르시는 분도 계시리라 생각해서 교단소개를 약간 하겠습니다. 신뇨엔의 '신뇨(真如)'란, 있는 그대로의 진실한 모습이란 뜻의 불교 용어입니다. '엔(苑)'이란 말에는 누구나가 모이는 장소였으면 하는 기원이 포함되어 있습니다. 개창은 1936년으로 개조는 이토 신죠(伊藤真乗)입니다. 진언종(真言宗) 다이고파(醍醐派)[22]로 출가득도 하시어 면면히 이어 온 진언밀교(真言密教)의 혈맥을 받은 것입니다. 더욱 대중교화에 전력을 다하고 싶다는 뜻에서 출가불교를 기반으로 한 재가의 밀교, 재가의 불교라는 의미로 신뇨엔이란 교단을 창립하였습니다.

저희들 교단은 새로운 미디어를 적극적으로 도입한다는 평가를 듣기도 합니다.[23] 교주는 항공 엔지니어 출신으로 새로운 기

---

22   平安 초기에 唐에 건너가 밀교를 배운 쿠카이(空海, 774-835)가, 귀국 후, 열은 종파가 真言宗. 金剛峰寺・東寺를 근본도장으로 하였다. 주로 大日経・金剛頂経에 근거하고 大日如来를 예배대상으로 하며 즉신성불을 설파하였다. 加持祈祷(주문을 외어 부처의 도움・보호를 빌어, 병이나 재앙을 면하게 해달라는 기도)를 행하였기에 헤이안시대 귀족들 사이에 널리 받아들여졌다. 13세기 말에 古義와 新義로 나누어졌다. 醍醐派는 古義에 속하며, 京都市 伏見区의 醍醐寺를 총본산으로 한다. 醍醐寺의 開山(사찰이나 종파를 처음으로 창립, 혹은 창립자)은 天智天皇의 6세손에 해당하는 聖法(832-909). 小野流라고도 칭한다.

술에 대해서는 확실히 열린 사고를 가
지고 있습니다. 그러므로 정보전달 수단
도 새로운 것을 비교적 빨리 사용해 왔
다고 생각합니다. 단, 그것으로 신심의
깊이나 신앙의 기본이 되는 가치관이
없어지지 않도록 이 점은 신중하게 고
려해 왔다고 저 자신은 생각합니다.

시타라 미노루씨

그런데 지금 이러한 심포지엄이 행해진 것은 인터넷이 매우
혁명적인 미지의 가능성을 가진 미디어일거라는 기대감과 동시
에 우리들 실생활이나 정신이 이 매체에 의해서 어떻게 변용되
어 갈 것인가, 과장해서 말하면, 우리들 자신을 어니로 데리고
갈 것인가 라는 것에 대한 일종의 당황과 두려움이 있기 때문이
라고 생각합니다. 기본석으로는 이 매체의 플러스면을 적극적으
로 이용해 가려고 합니다만, 한편으로는 종교심을 함양하는 지금
체제에 어떠한 영향을 끼치는지, 라는 점이 다소 걸리기도 합니
다. 더욱이, 현재 홈페이지의 대부분은 온라인 팸플릿으로 이용
되고 있고, 메일 등의 매력 있는 도구가 사용되고 있다고는 해도

---

23 신종교의 인터넷 상황─신뇨엔 외, 충실한 사이트를 가진 것은, 創価学
会, 立正佼成会, 天理教 등이다. 더욱, 일본 종교전체의 인터넷 이용 상황
에 대해서는 제3장의 구로사키(黒崎) 논문을 참조할 것.

신뇨엔

기본적인 구조는 이제까지 우리들 주변에 있었던 기존 시스템을 인터넷상에 그대로 옮겨놓아 다소 효율을 올리고 있다는 정도의 범위에서 그 활용이 멈추고 있다고 생각합니다.

그러므로, 이 미디어에 의해 무언가 신앙면에서 본질적인 변화가 일어나고 있다고는 아직 느끼고 있지 않습니다. 그러나 몇 년 후인가 예견할 수 없습니다만, 태어날 때부터 인터넷을 대화의 기본 도구로서 자라난 세대는 생각지 못한 이용 방식으로 큰 변화를 불러일으키는 일이 많으리라 예상됩니다.

실제, 인터넷으로 상징되는 컴퓨터 네트워크는 우리들 주위에서도 점점 성장해서 정보환경을 변하게 하고 조직이나 활동방식을 변하게 할 것이라는 예상입니다. 현재, 총본부의 사무국에서는 컴퓨터를 500대 정도 사용하고 있습니다. 이것을 약 30대 정도의 서버로 연결하여 교단 내의 네트워크를 만들고 있습니다. 지방지부까지 넣으면 이 세 배정도의 규모가 됩니다. 그리고 인터넷은 이들 내부의 네트워크로부터 프로킹 서버를 중개로 볼 수 있습니다. 즉, 기본적으로는 외부 인터넷과 늘 연결되어 있는 것이 아닌 형태입니다. 외부와의 데이터 공유가 필요할 때는 하드디스크 공유형으로 하고 있습니다.

하나의 예로서, 우리들 CIR(종교정보센터)에서는 미디어에서 취급한 종교정보를 쌓고 있습니다. 그런 데이터베이스는 교단 내의 네트워크로부터도 참조할 수 있습니다. 그러나 이 데이터는 RIRC(라크)[24]에서도 참조할 수 있습니다. 이것은 라크 쪽에서 우리들 네트워크에 들어오는 것이 아니고 같은 하드디스크를 각각 다른 창에서 보는 방식을 취하는 것입니다. 왜, 이런 형태를 취하는가 하면 역시 인터넷은 아직은 일종의 무질서한 세계라고 느끼는 부분이 있기 때문입니다. 그러기 때문에 중간 네트워크에 직접 턱 하니 연결되어 버리는 것에 대해서는 다소 경계를 하고 있는 것입니다.

온라인 매거진방식

시타라(設樂) 그런데, 저희들이 홈페이지를 연 것은 매우 늦어져서 실은 얼마 전 10월에 막 열었습니다. 어떤 홈페이지로 할까

---

[24] 정식으로는 재단법인 국제종교연구소·종교정보 리서치센터. 영어표기인 Religious Information Research Center의 머리문자를 취해서 RIRC(라크)라고 칭한다. 1998년 11월에 東京都 文京区 小石川의 伝通院 繊月会館 2층에 오픈. 종교관계 잡지·신문기사 20만점 이상을 파일화한 데이터를 열람할 수 있는 외에, 교단 간행의 서적, 비디오 등도 열람할 수 있다. 또 홈페이지에서는 교단의 공개된 정보를 소개하고 있다.

많이 생각했습니다. 인터넷이라면 무언가 넓은 세계로 정보를 발신한다는 실제의 이미지가 있습니다. 그러므로 온라인 팸플릿에 멈추지 않고 더욱 폭이 있는 사용방법은 없을까 하는 것입니다. 그렇지만, 잘 생각해 보면 알고 싶은 사람에게 알린다는 요구와 알지 못하는 사람에게 알린다는 것은 방법론이 전혀 다른 것으로 매우 어렵다고 느끼는 부분입니다.

만약, 알고 싶은 사람에게 알린다는 것뿐이라면 지금이라도 누구에게게나 팸플릿은 주고 있고, 또 『신종교사전(新宗敎事典)』[25] 등에는 객관적으로 상세한 정보가 실려 있어 누구라도 얻을 수 있습니다. 게다가 오히려 세대적으로 보면 인터넷 이외의 방법으로 정보를 얻고 있는 사람 쪽이 아직은 많은 셈입니다. 그런 단계에서 방문하는 사람도 드문 홈페이지를 훌륭한 대문구조에 구애를 받으면서 만들어도 되는지, 소수분들에게 정중한 접대를 한다는 그것만으로는 좋지만 폭은 없다고 생각합니다.

또, 교단 내의 정보유통이나 교화라는 면에서 어떨까 하면, 인터넷으로 사람과 정보의 네트워크를 사용하지 않아도 그것 이상으로 치밀한, 사람 사이의 네트워크가 몇 십 년에 걸쳐 만들어져

---

25 井上順孝他編, 弘文堂, 1990년 발간. 일본의 신종교 전반에 대해서, 종합적으로 분석·연구한 최초의 본격적 사전. 이 자료 부분은, 1996년에 대폭으로 개정 증보하여 『신종교교단·인물사전』으로서 별도 간행되었다.

있습니다. 이 안에서 필요한 정보는 흘러 나와 사람이 커 가는 환경으로써는 충분한 것입니다. 그러므로 이런 면에서는 특별히 절박한 필요성은 없는 셈입니다. 이런 이유로 지금 단계에서 우리들에게 인터넷다운 특징을 활용한 페이지는 무엇일까 생각해 보았습니다. 그래서 온라인 팸플릿에서 조금 진보한 온라인 매거진 형식의 홈페이지를 시도한 것입니다.

예를 들면, 다치카와시(立川市)에 있는 우리들 신뇨엔은 경내가 좁습니다. 일단 누구나 들어갈 수는 있습니다만, 일반인이 휴식을 위해 훌쩍 들어가는 일은 거의 없습니다. 모르는 사람에게는 역시 무언가 알 수 없는 벽 같은 것이 있다고 생각합니다. 그렇지만, 이웃에 스와공원(諏訪公園)이란 아름다운 숲 공원이 있어 이곳에는 모두가 모여 옵니다. 가까이에 신뇨엔이 보이니 그만 두자는 사람은 없습니다. 이곳에서는 근처에 사는 신자와 일반 분들이 아이를 놀게 하면서 서로 '어디에서 오셨습니까?', '이 근처입니다. 잠시 신뇨엔에 참배하러 왔습니다', '아아, 그렇습니까?' 따위의 대화가 자연스럽게 나누어지고 있습니다.

신뇨엔
http://www.shinnyo-en.or.jp/

우리들 홈페이지를 그런 '정원 페이지'의 공원 광장 같은 것으로 하고 싶었습니다. 사회 전체에 대해 문을 여는 것이기 때문에 종교 교단의 정보 체제를 정비해 내는 것이 아니라 우리들에게 관심이 있는 분도 없는 분도 들러서 저항 없이 그 안에서 조촐하나마 서로를 위로하며 기분전환 하거나 휴식하거나 하여 어딘지 모르게 종교의 본질에 관계되는 듯한 공기가 흐르고 기뻐할 수 있는 그런 페이지로 하고 싶었습니다. 평안한 장으로써 좋은 느낌이네 라는 정도입니다. 이런 뜻에서 만든 것이 이 쪽 '마음 MAGAZINE'이란 페이지입니다. 훌쩍 둘러보았지만 대단히 즐거웠다, 왠지 따뜻하였다, 이 정도가 오히려 현 단계에서는 이 미디어에도 맞는다고 생각했습니다.

그렇다고 해도 이 표지의 화면 좌측의 콘텐츠는 신뇨엔의 정보를 제대로 제공하는 페이지입니다. 신뇨엔의 개요나 역사 등 기본정보를 얻을 수 있도록 되어 있습니다. 그리고 이 콘텐츠는 신뇨엔의 공식적인 페이지라는 것을 알 수 있도록 신뇨엔의 로고마크를 넣었습니다. 이 로고가 어째서 표지에 들어있지 않은가 하면 내부에 이 표지를 보이자 '에, 이게 우리 홈페이지야?'라며 공식 페이지로서는 싫다는 반응도 있고… 모두가 각각 생각하는 이미지가 있었기 때문에……. 그래서 표지에는 교단의 로고마크인 윤보(輪宝)[26]가 아닌 '마음 MAGAZINE 편집부'로 타협한 것입니다. 그렇지만, 이것을 공식적으로 신뇨엔이 운영하고 있다는 것은 확실히 해야 하므로 신뇨엔 온라인 페이지에는 로고를 제대로 넣고 있습니다. 이 콘텐츠에는 해외도 포함하여 본부 지부가 어디에 몇 개소 있다든가, 신지 수 등, 다른 곳에서는 홈페이지상에서 보이고 있지 않는 객관적 데이터를 제대로 나타내려고 하였습니다. 역으로 교양면에 대해서는 설명이

---

26 이상적인 왕으로 여겨지는 전륜왕의 7보(輪·象·馬·珠·主蔵臣·玉女·主兵臣)의 하나. 차륜 모양을 하고, 왕이 군대를 진격시킬 때 이것을 던져서 적을 절단시킨다는 무기. 부처님의 설교에 비유된다. 이것을 본뜬 것이 밀교의 불구(仏具)로 빈뇌나 사설(邪説)을 타파하는 상징으로서 이용된다. 또 관정(灌頂 : 真言宗에서, 불문에 들거나 수도자가 일정한 지위에 오를 때 따위에 정수리에 향수를 붓는 의식) 때에는 이것을 받는 자의 발 사이에 끼어 유지시킨다. 즉신성불하여 법륜으로 변해 일절 중생에게 이익을 주고 구제하는 본서(本誓)를 상징한다.

어렵다고 생각했습니다. 그것은 설명하려고 하면 할수록 특수한 종교용어가 많아지고 정중히 하려고 한 것이 오히려 이질적인 세계이구나, 라는 인상을 줄 수 있다고 생각했기 때문입니다. 게다가 언어로 아무리 정중하게 말한다 해도 본인들이 피부로써 느끼는 신앙의 장엄함이라든가 심원함, 청정한 공기 따위를 전하는 미디어가 아니라고 느끼기 때문에 어느 정도의 개요가 제시되면 그것으로 사명은 충분히 다했다는 것이 이 페이지입니다.

'핫뉴스'는 최근 신뇨엔에서 행해진 행사, 예를 들면 이태리 밀라노에 새롭게 정사(精舍)가 만들어졌다든가, 어디로 봉사갔다는 것을 알리고 있습니다. 지금 교단이 어떻게 움직이고 있는지를 알 수 있습니다. '텔레비전 프로그램'은 스카이퍼펙트 TV의 '정신문화 시간'[27]의 시간대로 토요일과 화요일에 나오고 있는 15분 프로의 내용을 소개하는 프로그램 페이지입니다.

앞서 아타고 신사(愛宕神社)의 마츠오카씨도 말씀하신 것처럼 신뇨엔의 경우에도 무엇을 하고 있는지 알 수 없다고도 말합니다. 그래서 이러한 것을 한다고 소개하는 의미에서 만들고 있는 프로입니다. 그 소개의 페이지입니다. 동영상도 조금 들어가 분위기도

---

27 「정신문화의 시간」은 스카이퍼펙트 TV의 「베타라이프」채널(216)에 부분적으로 시간을 확보하고 방영하고 있는 프로이다. 1999년 가을부터 방송 개시가 되었다.

볼 수 있게 되어 있습니다.

그리고 교단에 대한 질문 등을 받는 메일 코너가 있습니다.

사이버상에서의 '만남의 공원'

시타라(設楽) 오른쪽에 병렬한 콘텐츠가 신뇨엔에 구애받지 않는 소위 '만남의 공원'입니다. 저는 종교 내에서 사용하는 언어만이 종교심을 표하는 것은 아니라고 생각합니다. 그러므로 상당히 폭넓게, 그러면서도 마음이나 종교에 연결되는 테마이기 때문에 일반 분들이 이야기할 수 있는 코너라고 생각합니다.

'요번 달 테마'는 "활력의 근원이란 무엇입니까"입니다. 가벼운 터치로서 이것도 신앙 안에서 파헤쳐 가면 기쁘게 살고 기쁘게 죽는다. 이런 각오로 사는 것이 비결이다, 따위에서 굵은 골격에까지 가게 됩니다. 그러나 그곳까지 가면 일반적으로는 대단히 힘듭니다. '웰빙' 정도의 소리가 마치 좋은 것이라 생각하고 이 테마를 정했습니다. 이 테마 밑에 '휴먼워칭'이란 코너가 있습니다. 활동이 활발하신 신자들 삶에서 일과 생활태도에서 웃음이 배어나고 건강하게도 된다는 좋은 이야기가 실려 있습니다. 특별한 신앙체험 이야기는 아니지만 신앙심이 있는 사람들의 얼굴이 보이는 페이지로 되어 있습니다. 게다가 신뇨엔의 정사에서 활력소를 발견하였다 등으로 기쁨을 얻기 위한 페이지로 작성하고 있습니다. 또, '원 포인트 어드바이스'는 저희들이 배운 보통의 가르침을 알기 쉽고 밝은 격려의 말로써 건강, 연애의 테마별로 나오게 됩니다. 아직 포럼은 열고 있지 않으나 이것을 소중히 하고 싶습니다. 다달이 테마에 맞추어 약간의 선의와 좋은 기분이 서로 통하는 장이 되면 좋을 것이라고 생각합니다. 이러한 시도가 어떠한 결과로 이어질지는 막 시작했기 때문에 아직 잘 모릅니다. 여러 의견에 귀 기울여서 계속해 가고 싶다고 생각합니다.

처음에는 일반인으로부터의 클릭이 매우 많아 기뻤습니다. 재미있는 것은 '마음이 어지러울 때 어드바이스를 받으면 왠지 안심됩니다'라든가, '무언가를 추구하며 살아가는 것의 중요함을 배웠습니다' 등, 솔직히 말하면 저는 이 정도의 페이지에서 이런 코멘트를 받을 수 있다고는 생각지 못했습니다. 대체로 마음 MAGAZINE은 어딘지 부족하지 않은가라는 것이 저의 솔직한 생각이었으나 역으로 강요하지 않은 듯한 가벼운 이 정도가 지금 젊은 분들에게는 좋았던 것이라고 생각합니다. 그러므로 웹사이트란 짧은 시간에 잠깐 클릭해서 무언가 기분이 확 변해서 또 다른 데로 가는 지금은 아직 그런 가벼운 사용법이 어울리는 도구라고 생각합니다.

아직 신자들에게는 취지가 완전히 전달되지 않았기 때문에 '이것은 도대체 포교의 일환입니까'라든가, '이것을 어떻게 받아들이면 좋을까요?' 등의 조회도 받습니다. 신앙이 확실한 분에게는 좀 부족한 페이지일 것이라고 생각합니다. 그러나 우리들의 취지로서는 신앙이 있는 분은 물론, 그 이상으로 우연이라도 들러준 보다 많은 일반 분들도 기쁘게 해 주고 조금이라도 신뇨엔의 공기를 알 수 있게 해주고 싶다는 것입니다. 신뇨엔이라 해도 일반 분들은 아직 잘 모릅니다. '불고기집입니까?'라든가 '찻집입니까?'라고 자주 농담을 합니다. 본부가 있는 다치카와 시내의 책방 주인조차 '신뇨엔입니다'라고 해도 영수증을 쓸 때 '어떤 자입니까'라고 물어본 적이 꽤 있습니다. 그러므로 종교단체리는 울타리를 낮게 하여 친화성을 중시하였기에 역으로 다소 발신력이 나오는 것이라고 생각합니다.

마지막으로 인터넷의 앞으로의 방향성과 우려에 대해 언급하겠습니다. 앞서 버추얼 참배 이야기가 있었습니다만, 종교성이란 점에서 스스로의 신앙이 깊어가기 위해서는 신체성·육체성이라는 것이 극히 중요하게 관여하고 있다고 생각합니다. 이것은 스스로 '행'하는 것만이 아니라 타자와 면대 면으로 말한다든가 듣는다든가하는 것까지도 입니다. 예를 들면, 교화나 포교장면에서 정말로 덕성이 높은 사람은 많은 말을 하지 않아도 상대가 하는 것을 똑바로 듣고, 그 위에 이렇게 해봐라, 라는 그 한 마디로 상대의 마음에 각오를 새롭게 할 정도의 힘이 있습니다. 이런 것을 키워 가고 몸에 지니고 가는 것 속에서 신앙의 한 본질을 느끼는 것입니다. 왠지 제 경우, 이런 미디어는 보완적인 것이라 생각합니다. 모두에서 말씀드린 바처럼 인터넷을 당연한 대화수단으로서 사용하는 세대에서는 그 주변이 어떻게 될지, 다소 제 나름대로 걱정하고 있습니다. 이상입니다.

이시이(石井) 감사합니다. 신뇨엔의 공식 페이지에는 표지 그림을 포함해서 시타라씨의 취미가 꽤 표현되어 있다고 생각해도 좋겠죠?

시타라(設樂) 우리들 섹션에서 인터넷을 사용하는 사람들은 비교적 젊고 통계상, 교단의 남녀비는 같은 정도입니다. 실제로 오시는 분은 여성분이 많아 역시 인터넷 세대의 신자 층에 표준을 맞췄다는 것이 되겠습니다.

이시이(石井) 감사합니다. 이것으로 네 분 토론자의 이야기가 끝났습니다. 각각의 선생님들에게는 시간 내에 매우 적확하고 흥미로운 이야기를 들을 수 있었습니다. 이제부터는 종교적인 입장이

아닌, 두 분께 이야기를 듣겠습니다. 그럼 기토우씨부터 말씀해
주십시오.

시공을 넘은 인터넷

기토우(紀藤) 변호사인 기토우(紀藤)입니다. 오늘은 어떻게 코멘
트 해야 좋을 지 솔직히 모르기에 인터넷 문제에 대한 기초지식
같은 것을 우선 말씀드리겠습니다. 그리고 이것이 종교 사이트
에 어떠한 영향을 주는지를 설명하면 제 역할은 다했다고 생각
합니다.

저 자신 홈페이지를 금년(1999년) 1월부터 개설하였습니다. 명
칭인 ‘링크(LINC)’란 리갈 인터넷 커뮤니케이션의 머릿글자입니다.
요는, 인터넷상의 법률적인 대화의 장을 제 홈페이지에서 달성했
으면 해서 시작했습니다. 원래는 인터넷 소비자 피해대책 변호단
을 작년(1998년) 11월에 설립했을 때, 메일에서도 대단히 조회가
많았으나 대게는 익명 상담메일이었습니다. 법률상담을 구체적으
로 할 때 익명이면 어쩔 도리가 없기 때문에 메일에서의 법률상
담 방법을 알리기 위한 페이지를 개설하고, 원래 제가 가지고 있
었던 서버 안에 넣어 이에다가 톱페이지를 만들었다는 것이 홈페
이지를 개설한 경위입니다.

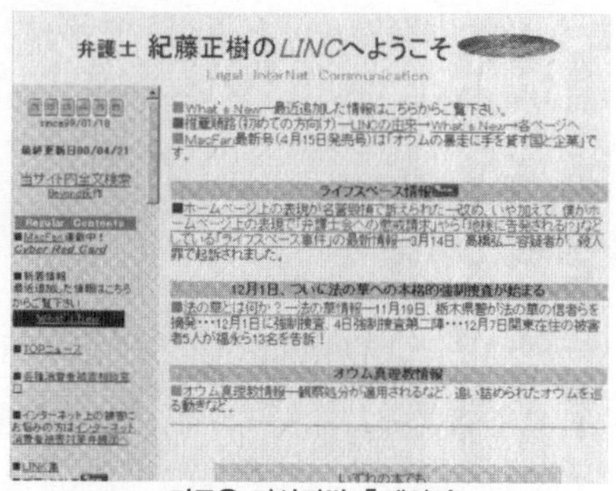

기토우 마사키씨 홈페이지
http://homepage1.nifty.com/kito/

　참고로 다른 종교단체 쪽은 깔끔한 스태프가 홈페이지를 만들고 있습니다만, 이 홈페이지는 전부 제가 만들었습니다. 워드를 사용하는 정도의 능력이라면 어느 회사에서도 십만 원 정도의 홈페이지 작성 소프트웨어를 사면 간단히 만들 수 있습니다. 그러므로 교단뿐만이 아니라 학생들도 반드시 많이 만들길 바랍니다. 그리고 인터넷에 대해서는 많은 분이 아직 홈페이지를 만들고 있지 않은 관계로 수신자측 이미지에서 받아들이는 것이 매우 많습니다. 즉, 발신자측에 서있지 않기 때문에 발신자측 입장을 알기에는 매우 어렵습니다.

　그래서 그런 분들을 위한 인터넷 특징이라는 것을 먼저 언급하겠습니다. 우선 발신자측, 수신자측 쌍방의 특징으로서는 시공을 초월한다는 것입니다. 시공이란 단어는 애니메이션 등에서 자주 나옵니다. 어떤 것인가 하면, 제가 홈페이지에 실은 뉴스에 들어가면, 1년 후에도 그것을 볼 수 있고 반년 후에도 볼 수 있으며 바로 오늘도 볼 수 있습니다. 그러므로 데이터가 시간을 초월해 인류에게 공유되어

기토우 마사키씨

간다는 것입니다. 일본어를 읽을 수 있다면 누구라도 제 홈페이지를 읽을 수 있습니다.

화면에서도 보시듯 제 홈페이지에 '종교피해를 생각한다'[28]는 페이지가 있습니다. 여기는 종교피해의 정보데이터를 모으고 있는 곳입니다. 이 페이지의 종교피해를 생각하는 자료집이라는 곳에서는 제 논고와 링크집을 넣고 있습니다. 장래적으로는 서적이라든가 자료집을 전부 업하고 싶습니다만, 여기에는 종교피해 관계의 주된 데이터를 싣고 있습니다. 다만 잡동사니 같은 것이나 혹은 단순히 반대만 하고 있는 것, 현실 사회에 근거하고 있지 않는 것, 단순한 고발 사이트 같은 것은 집어넣지 않았

---

28 종교 트러블에 대해서 대처하고 있는 변호사의 구체적인 활동에 대해서는, 山口広・滝本太郎・紀藤正樹 著, 『종교트러블 110번 — 스며드는 카르트』(民事法研究会, 1999년) 및 일본변호사회 소비자문제 대책 위원회 편, 『종교트러블의 예방・구제 지침』(교육사료출판회, 1999년)을 참조

습니다. 현실 사회에 근거하고 있는 자료로서 적합한 홈페이지
는 기본적으로 넣었습니다.

종교학자의 홈페이지로서 다무라(田村)씨[29] 등은, 인터넷과 종교
문제에 대해 상세한 내용을 싣고 있기에 홈페이지에 넣었습니다.
이노우에 선생님 홈페이지도 알고 있습니다만, 자기소개 정도의
내용이었기에 굳이 넣지 않았습니다. 아무튼 이런 형태로 링크집
을 만들고 있어 언제나 참조할 수 있습니다.

참고로 만드는 분 측에서 보면 이 링크집은 자신에게도 도움
이 됩니다. 자신이 데이터로서 정리한 것을 그대로 홈페이지에
업로드해 두면, 언제 어떠한 때에도 이 홈페이지에 접속할 수만
있다면, 자신의 데이터조차도 여기에 두고 있어 간단히 참조할
수 있습니다. 제 원고도 최근 것은 거의 업로드하고 있습니다.
제 원고가 책상 위 어디에 있는지 모른다든가 디스켓이 어디로
갔는지 모를 때도 있습니다. 홈페이지는 대단히 정리된 형태로
링크가 붙어 있어 스스로 찾기에도 매우 편합니다. 정리 방법으
로서 홈페이지를 사용하면, 만드는 분 측에서 보면, 글로벌 블레
인이 아니라 프라이빗 블레인이란 것이 딱 맞아떨어지는 느낌입
니다.

---

29 종교학자 田村貴紀를 말함. 라크 연구원. 인터넷상의 종교 사이트의 전개
에 착안하여 연구하고 있다. 『종교와 학회』 3호(1997년)에 「인터넷 종교
정보 ─ 그 가능성과 위험성」이란 연구 노트를 게재하고 있다.

그러므로 자신이 만든 것을 언제나 참조할 수 있어 학자 선생님들은 만드는 쪽이 편리한 것입니다. 또, 지금 제가 사용하고 있는 컴퓨터가 만약 하드디스크가 파멸되어 데이터가 사라져 버릴 때에도 서버에는 남아 있습니다. 리스크 관리에서 보아도 서버상에 데이터가 남아 있다는 것은 그만큼 리스크 분산이 되기도 합니다. 발신자측에서 보면 이러한 여러 가지 특징이 있습니다.

인터넷의 제반 특징 확인

기토우(紀藤) 발신자와 수신자 쌍방에 관한 인터넷 특징으로서는 익명성을 들 수 있습니다. 어떤 것인가 하면 발신자도 자신의 이름을 쓰지 않으면 표면상은 이명의 데이터로서 발신할 수 있습니다. 그러므로 고발계 사이트에서 자주 보는 듯한 익명성 홈페이지가 가능합니다. 수신자측의 액세스 상황에 대해서 운영자측에서 보면, 누가 액세스하고 있는지는 희미하게 알 수 있지만, 100% 알 수 있는 것은 아니므로 익명성의 유지가 가능합니다. 요는 쌍방이 익명성을 유지할 수 있다는 것입니다.

또, 장소의 불요성을 들 수 있습니다. 어떤 것인가 하면, 홈페이지에 데이터를 전부 업하고 있으면 기본적으로 언제나 액세스할 수 있기 때문에 종이가 거의 필요 없습니다. 그 장소에서 꺼내보아 그 때 데이터 할 수 있다면 그것으로 좋은 것입니다. 자신의 것이라도 또는 다른 홈페이지에 기재되어 있는 것도 그 뒤 언제나 버릴 수 있기 때문에 그만큼 정보를 둘 장소가 불요하게 됩니다. 작금은 자료의 홍수라고 일컬어지고 있습니다. 역으로 홈페이지에 모든 자료를 업로드해 버리면 언제나 액세스할 수 있기에 점점 버리는 것이라고 말할 수 있습니다.

그리고 저렴합니다. 사업자에게 부탁해서 홈페이지를 만들면 비싼 돈이 듭니다. 어느 지방 자치체에서 2억 원이 든다고 하여 그대로 지불하자 주민소송을 일으켰다는 케이스도 있습니다. 그러나 인터넷 홈페이지는 자신도 할 수 있습니다. 덧붙여 저는 화상 처리도 할 수 있습니다. 아직 하지 않았습니다만 CGI 처리[30]도 할 수 있습니다. CGI 처리란 앞의 목차라든가 그런 것으로서 서버에 직접 데이터를 입력하면 서버에서 대응할 데이터를 내어주는 형식을 말합니다. 그런 것도 할 수 있습니다.

간단하게 말하면, 홈페이지는 누구라도 즉시 가능한데 기업은 그것을 매매하고 있어 2억이라든가 3억이란 가격이 나오는 것입니다. 그러므로 가령 저를 3억 원에 고용한다면 제가 홈페이지를

---

30 CGI란, Common Gateway Interface의 이니셜로 홈페이지에서 서버상의 프로그램을 기동시키는 방법을 말함. 이 홈페이지에 몇 사람이 액세스했는가를 나타낼 때, 이런 방식을 취한다.

만들어도 좋은 것이지요. 그러나 기업에게 부탁하면 실시간성도 조금 부족합니다. 그 날 넘긴 것이 다음날 업이 되기도 합니다. 그렇지만, 만약 자신이 하고 있다면, 그 날의 것은 그 날에 업로드할 수 있어 실시간으로 교신할 수 있게 됩니다. 어느 쪽이 편리할지 모르나 어느 쪽이든 싸게도 됩니다. 그러므로 고발계 홈페이지와 같은 것이 나온 것입니다.

예를 들면, 제 홈페이지에 '오늘, 도시바(東芝) 고발 사이트[31]의 AKKY씨가 사이트 폐쇄를 결의하고 금후는 법정에서 싸운다고 합니다'라는 내용이 나옵니다. 이것은 유명한 도시바 고발 사이트가 이 날 폐쇄하여서 그 정보를 페이지에 넣은 것입니다.

이 내용은 1999년 11월 10일까지만 게재되고 11일 이후는 사이트 자체가 삭제되어 그 정보도 11일에 넣었습니다. 사이트가 삭제되면 그 정도로 세상을 떠들썩하게 했던 사건의 자료적 가치가 없어지므로, 보존용 로그, 즉 제 서버에 도시바 고발 사이트 홈페이지 정보를 본래의 형태로 보존해 두었습니다.

이것은, 저작권 문제에서 보면 의론이 있을지도 모릅니다만, 저는 자료적 가치가 대단히 높다고 생각하고 있어, 모두들에게 보이고 싶은 것을 보존해서 게재하고 있습니다. 이 같이 데이터를 리

---

31 福岡의 회사원이 AKKY라는 닉네임으로, 1999년 도시바의 애프터서비스에 대해서 홈페이지에 고발하여 화제가 된 사건.

얼타임으로 발신할 수 있는 특징이 있습니다. 그리고 인터넷 도구로서, 홈페이지, 메일, 메일 매거진, 메일링 리스트라든가, 게시판, 차트도 있어 이들에 대해 잠깐 설명해 두겠습니다.

홈페이지란, 주소란에 기계어를 써넣어야 합니다.

화면상에 'http://homepage1.nifty.com/kito/'라고 쓰는 난이 있습니다. 이것은 일종의 기계어로, 이를 써넣는 작업이 매우 귀찮습니다. 바로 이것이 알기 어렵게 하는 주범인 것입니다. 야후란 검색엔진에 의해서 기계어를 집어넣지 않아도 적당한 이름, 예를 들면 '기토우 마사키(紀藤正樹)'로 야후에서 검색하면 '기토우 마사키' 홈페이지를 검색할 수 있게 됩니다.

장래적으로는 이 '기토우 마사키'란 입력도 필요 없게 될 때가 온다고 생각합니다. 어떤 것이냐 하면 최종적으로는 채널과 같은 형태가 된다고 일컬어지고 있습니다. 실제, 그런 것도 시판하며 수십 만원 정도로 나와 있습니다. 필경 기계어도 필요 없게 되는 시대가 머지않아 올 것입니다. 단, 홈페이지는 어디까지나 방송적인 것으로 일방통행인 도구로써 이쪽에서 저쪽으로 흘러간다는 도구입니다.

그렇지만, 메일은 소위 편지의 수수와 같은 것으로 여러분도 해보신 분은 알 것이라고 생각합니다. 편지와 유사 기능을 가집니다. 인터넷 기능 중, 홈페이지와 메일은 2대 도구이나 많은 분은 메일에서 인터넷 세계로 들어갑니다. 예를 들어, 가톨릭에서 메일을 매우 다용하는 것처럼 우리들 업계에서도 사정은 같습니다. 특히 국제간 거래에서는 이것이 매우 중요한 도구가 됩니다. 이제까지와 같이 전화나 팩스로 주고받으면 국제전화 요금이 듭니다. 그러나 한순간에 데이터가 보내지면 시내통화 요금인 100원으로 데이터가 보내지는 것으로 국제적으로는 매우 넓게 사용되고 있습니다.

그러므로 전자메일은 비즈니스 도구로서는 매우 유용하여 우리들 변호사 업계에서도 섭외변호사 쪽에서부터 먼저 시작되어 퍼졌습니다. 미국에서는 시내통화가 무료인 지방자치체가 몇 개 있어 그런 지역이라면 무료로 메일도 국제적으로 빌신힐 수 있습니다. 메일의 수수는 국제간 통신 또는 주제 통신 등에서는 요금면에서 보아 대단히 저렴합니다. 싸기 때문에 많은 데이터량을 보내올 수 있습니다. 역으로는 데이터가 많게 된다는 문제도 있습니다만, 그런 것입니다.

메일을 1대 1로 보내는 것이 아닌 1대 3으로 보내는 것을 메일 매거진이라고 합니다. 예를 들면, 바티칸에서 각국의 가톨릭 지구에 메일이 보내져 오는 것은 1대 다의 연락망으로, 그런 것을 메일 매거진이라는 용어로 부르는 것입니다. 그런 것은 정보의 발신, 수령만이 아니라 구독자에게 보내는 통달적 잡지적 뉘앙스

가 강하게 됩니다. 그러므로 매일 정보를 한 사람에게서 다수에게
로 보내지고 게다가 싸게 보낼 수 있는 것입니다.

게시판에 대한 대처법

기토우(紀藤) 그리고 앞서 몇 번 나온 게시판이란 시스템이 있습
니다. 어떤 것인가 하면, 제 '링크종합게시판'은 지금까지(1999년
11월 시점), 약 3만 2천의 액세스가 있었습니다. 현실 사회에서는
전혀 면식이 없는 사람이 '일영상공자금문제(日栄商工フアンド問
題)' 또는 최근에는 니시무라(西村) 방위청장관의 저 강간발언 같
은 것에 대해 매일 클릭해서 기입하고 있는 것입니다. 저도 보고
는 있으나 따라갈 수 없어 스스로도 이제 써넣기를 할 수 없을
정도로 데이터가 올려져 있습니다.

게시판을 만든 사이트도 있으나 실은 운용에 있어서는 매우
어렵습니다. 그 이유의 하나는 이상한 기입이 써 있을 때 신속
히 삭제할 수 있는가 입니다. 다른 하나는, 3만 번의 클릭에 대
해 직접 쓰는 사람은 1,045명입니다. 도식적으로 말하면, 쓰는
사람은 30회 클릭에 1회 기입한다는 비율입니다. 또 일반적으로
100인이 클릭하여 한 사람만 기입한다는 것은, 하루에 100 이
상의 클릭수가 없다면 하루에 한 사람밖에 기록이 없는 셈입니

다. 제 게시판 경우도 단골손님이 있어 조금 높은 비율이지만, 하루 한 사람만 기입한다면, 처음부터 논쟁이 되지 않으며 그 게시판은 그다지 활성화하고 있지 않다는 문제가 됩니다. 활성화하지 못하면 역으로 황폐해집니다. 그렇다면, 게시판에 어쨌든 기입하고 싶다는 타입의 사람이 마구잡이로 옵니다. 그렇게 되면 황폐해지기 쉽습니다.

그러므로, 게시판 운영은 황폐해지는 게시판을 어떻게 할까라는 의론이 아니라 실은 많은 사람에게 기입시키기 위해서는 어찌할까, 라는 것이 중요한 문제입니다. 그를 위해서 클릭 수를 늘려야 한다는 것이 우선시 되어야 하므로 상당히 어렵습니다. 제 홈페이지는 지금 잠깐 줄어들었습니다만, 현재 1일 평균 300 이상[32]의 클릭이 있어, 하루 3명 남짓이 확실히 기입해 주는 정도로 활성화하고 있어 역으로 말하면 이상한 사람이 기입하기 어려운 것이 됩니다.

참고로 옴진리교에 관한 게시판도 만들고 있습니다. 피해자측에서 만들고 있는 옴진리교 게시판 사이트는 진귀하며 변호사 다키모토(滝本)씨[33] 등도 참여하고 있어 이곳은 황폐하지 않습니다.

---

32 게다가, 2000년 봄 시점에서는 더욱 늘어나 하루 약 1000이다.

33 滝本太郎 변호사를 말함. 옴진리교 피해 대책 변호단이었기에 1994년 5월, 甲府지방재판소 앞에서 자신의 승용차에 사린이 뿌려졌다는 피해를 입었다. 지하철 사린 사건 후 95년 6월, 옴진리교 탈회자 모임인 ‘카나리아회’가 생겨 그 지원을 맡고 있다.

종합게시판보다 늦게 만들었으나 현재 1만 3천회의 클릭으로, 267기입, 그런 페이스입니다.

다시 하나, 통일교회[34]에 관한 게시판입니다. 이것은 링크 종합 게시판 중에서 통일교회 관계의 기입이 굉장히 많아져서 전문 게시판으로 올렸으나 실은 조금 황폐해지고 있습니다. 어떠한 것이냐 하면, 소위 통일교계 사람과 반통일교계 사람이 이 속에서 굉장한 논쟁을 하고 있습니다. 게다가 지나치게 서로를 비방하는 경향의 발언을 계속하고 있어 저도 때때로 삭제하거나 처리합니다만, 조금 황폐해지고 있는 느낌입니다. 이 주변의 일은 뒤에 제 홈페이지를 봐주세요

저는 인터넷 표현은 기본적으로 표현의 자유가 매우 큰 것이라고 생각합니다. 그래서 어느 특정 인간을 매도해서 그것이 현실 사회에서도 영향을 끼치는 것이라면 삭제하고 있습니다. 그러나 익명인에 대해서 익명인이 단지 명예를 훼손한다는 것만으로는 현실 사회에 전혀 영향을 끼치는 것이 아니어서 익명인에 대한 모욕적 의견에 대해서 지금은 기본적으로 삭제하고 있지 않습니

---

34 정식 명칭은 세계기독교통일신령협회(世界基督教統一神靈協会). 한국에서 1954년에 설립된 기독교계의 신종교. 교주는 文鮮明(1920~). 일본에서는 58년에 포교가 개시되어 64년에 종교법인이 되었다. 대학생 등 주로 젊은 이를 대상으로 한 포교활동이었지만 그 권유의 방법이나 자금 조달 방법, 특히 합동결혼식 방식 등에 대해 사회적인 비판이 계속되고 있다.

다. 우선, 이상한 의견이라도 이 사람은 이상한 의견을 내는 사람이라고 모두가 보고 있다면 좋다고 생각합니다. 게시판은 보는 사람이 보면 알 수 있습니다.

게시판에서 더욱 진보하여 실시간으로 이야기를 교환하는 것이 차트로, 차트는 게시판과 같은 구조입니다. 실시간성을 중시했다는 것이 특징입니다. 차트는 종교 사이트에서도 운영하고 있습니다. 이것도 아까 말한 클릭 수 관계로 처리가 매우 어려운 것으로 차트가 기능하고 있는 종교 사이트는, 제가 보는 한 찾아보기 힘들 정도로 매우 어려운 것이라고 생각합니다.

종교 사이트 현상

기토우(紀藤) 인터넷 인구는 작년(1998년)부터 올해에 걸쳐 폭발적으로 증가하고 있습니다. 어떤 것인가 하면, 98년부터 99년 2월에 걸쳐, 천만 명에서 1,400만 명이 된 것이 일본 인터넷협회인 『인터넷백서』[35]를 보면 알 수 있습니다. 50% 증가입니다. 그 중, 가정에서만의 증가가 250만 명에서 631만 명이 되어 약 3배

---

35 일본 인터넷협회편, 『인터넷백서 99』, 1999년 간행. 인터넷의 움직임을 독자적으로 조사한 통계자료로서, 또 개인·기업의 보급상황, 통신업계의 재편, 인터넷 비즈니스, 인터넷과 범죄, 세계의 동향 등, 인터넷을 둘러싼 폭넓은 테마가 취급되고 있다. 또, 부록 CD ROM에는 주요 데이터가 PDF파일로 수록되어 있다.

정도에 달하고 있습니다.

이것은, 가정에서만의 비율로 소위 기업 유저가 아닌 순수한 개인 유저가 상당히 늘었다는 것입니다. 이러한 사람이 늘면 어찌 되느냐 하면, 개인 유저들은 비즈니스 유저하고는 틀려서 현실 사회와 대단히 가까운 감각을 가집니다. 당연히 쇼핑에 대한 요구도 생겨서 최근 쇼핑관계에 대한 홈페이지가 성행하고 있습니다. 종교 사이트 같은 것에 대한 요구도 대단히 높아지게 됩니다.

요는, 비즈니스 유저들은 단순히 기업에서 인터넷 홈페이지를 보며 기업을 위해 사용하고 있지만, 일반 각 가정에서는 개인의 즐거움을 위해 사용하고 있어 현실 사회에 밀착한 요구를 지닌 사람들이 많이 나옵니다.

마지막으로, 종교 사이트의 힘을 현상 분석하면 여러 가지 분석법이 있어 자주 전도와 포교와 선전으로 분류하며 정보제공은 선전입니다. 비교적 지금 유효하게 기능하는 것은, 전도, 포교보다도 선전일 것이라 생각합니다. 무슨 말씀이냐 하면, 어느 교토(京都)에 있는 어느 절을 검색해서 조사하고 싶을 때, 팍 하고 장소가 나와 어디에 있는지 알기에 매우 쉽고 탐색하기도 쉽다는 것으로 비교적 선전 기능으로 사용하는 종교 사이트가 있다는 것입니다.

또, 대단히 유효한 기능은 신자관리입니다. 더불어 저의 옴진리교 전용 페이지를 잠시 봐주시면, 옴진리교는 현재 휴면중임에도 불구하고 매우 활발히 홈페이지에서의 선전활동을 하고 있습니다. 특히 긴급연락이 매우 많습니다. 긴급연락이란, 요는 외부를 향해서도 있습니다만, 내부 신자용인 것도 있습니다. 선전 기능도 가집니다. 신자가 지금 교단본부가 무엇을 생각하고 있는가 라고 물을 때 홈페이지는 신자관리에서 매우 좋은 기능을 하는 것입니다.

필경, 앞에서 토론자가 말했던 종교 사이트에서도 같다고 생각합니다. 우선은 전도, 포교에 여실히 힘을 발휘하는 것이 아니라 현재 신자에게 정보제공을 하거나 현시점에서 교단이 어찌 생각하고 있는가 라는 것을 신자가 생각할 때, 대단히 유효한 기능을 하는 것이 지금의 홈페이지입니다. 따라서 옴진리교는 이런 점에서 전형적인 사용법을 하고 있다고 할 수 있습니다. 이것은 통일교회의 홈페이지에 대해서도 마찬가지입니다.

전도, 포교 문제는, 필경 개인 요구가 3천만이라든가 4천만이되는 시대가 되면 매우 유효하게 기능할 것이라는 느낌이 듭니다. 그러므로 아직은 인터넷을 통한 포교라든가 전도는 매우 어렵다고 생각합니다. 지금은 선전이라든가 정보제공이라든가 내부적으로 이미 신사가 되어 있는 신자관리라든가 그런 것에 기능하는 것이라고 생각합니다.

뒤에 인터넷의 기본문헌 중 최소한 읽으셨으면 하는 것은 후루

세(古瀬)·히로세(広瀬) 두 분에 의한 『인터넷이 변하게 하는 세계』[36]입니다. 이 책은 매우 중요한 문헌으로, 인터넷 영역이 거의 서있습니다. 자료적으로는 일본인터넷협회 편인 『인터넷백서』가 도움이 됩니다. 또 범죄면에서는 뒤에 질문이 있으면 언제라도 대답할 수 있습니다만, 제 책(『電脳犯罪対策虎之巻』)[37]을 읽어보시면 합니다. 설명으로 길어졌습니다.

이시이(石井) 감사합니다. 기토우(紀藤)씨에게 먼저 이야기를 듣고 지금 페이지를 보고 있으니 다른 네 분들의 발제도 변했는지 모릅니다. 마지막으로 또 한 분, 이노우에(井上) 선생님에게 부탁드립니다.

수신자 입장에서

이노우에(井上) 이제까지 인터넷, 특히 홈페이지를 사용하는 문제에 대해 여러 가지 각도에서 거론되었습니다. 평상시 저는 인터넷을 사용하는 정보 발신자와 수신자 양방에 걸쳐 있습니다. 간혹 자신이 도대체 어느 쪽에 속해 있는지를 생각하기도 합니다. 저는

---

36 古瀬幸広, 広瀬克哉 著, 『인터넷이 변화시키는 세계』, 岩波新書, 1996년.
37 紀藤正樹 著, 『전뇌범죄대책 도라노마키(電脳犯罪対策虎之巻) ― 네트워크의 신 룰』, 베스트셀러즈, 1997년.

라크 담당 상무이사이기 때문에 홈페이지 작성에서는 발신 작업
에 관계하고 있으나 정보를 모으기 위해서는 수신작업도 많이 하
고 있습니다.

또 저는 국학원(国学院)대학 일본문화연구소[38]에 근무하고 있으
며 그곳에서도 홈페이지를 만들고 있습니다. 실제 일상적인 운영
은 오늘 좌중에 와 계신 구로사키(黒崎)씨가 하십니다. 그러나 기
본적으로 어떠한 콘셉트에서 그 홈페이지를 만들어 갈까하는 것
은 이전부터 제 나름의 생각을 가지고 있어 둘이서 상담하며 운
영하고 있습니다.

그런 발신과 수신 관계에 대해 몇 개 고민해 온 것이 있습니
다. 오늘 발제자의 경우, 발신자측에서의 이야기가 많아 수신자,
소위 소비자로부터 보아, 인터넷 경유의 종교정보가 어떻게 보여
지는지, 또는 그곳에는 어떤 문제가 있는 지에 내해 세 나름내로
종합을 해볼까 생각합니다

우선, 교단 홈페이지를 누가 볼까하는 것입니다. 이 점은 앞
으로 점차로 커다란 문제가 되어 간다고 생각합니다. 지금까지

---

38 국학원대학 부속연구기관. 1995년에 창립. 각종 프로젝트가 있다. 1990년
대 중반에 종합프로젝트 '인터넷에 의한 학술정보의 발신'이 발족하였고,
이곳에서는 인터넷의 학술이용과 정보의 해외 발신 등에 대해서 연구하고
있다. 홈페이지는 다음과 같다.
http://www.kokugakuin.ac.jp/ijcc/ja/index.html

이노우에 노부타카씨

의 의론에서 나왔습니다만, 만드는 측도 누가 읽을까라는 것을 의식하며 만들고 있습니다. 그리고 이미 가정용과 일반용으로 2개로 나누어져 있다는 예에 대해서도 이야기가 있었습니다. 신자에 대해서는 광고적인 기능과 한 발 앞서 포교, 인터넷을 통한 교화라는 것이 있다고 생각합니다.

그렇지만, 이것은 누구도 볼 수 있는 것으로 다른 교단 신자가 본다는 것도 당연한 것입니다. 이러면 약간 도발적이라 좋지 않겠습니다만, 적정(敵情)시찰인 듯한, 다른 데에서는 어떻게 하는가라는 이러한 어프로치도 당연히 나오게 됩니다. 신자들이 다른 교단 상황을 보며 자신들의 이점이 되는 것을 생각한다는 것입니다. 그렇지만, 이게 언제까지나 적정시찰로 종시하는가 하면 그렇지는 않고, 역으로 다른 교단 홈페이지 쪽이 재미있다고 느껴버리는 사람이 나올지도 모릅니다. 이런 일이 있을 수 있는지 어떤지 모릅니다. 지금까지 '개종'이라면 인간을 개재한 사건이었으나 홈페이지상에서의 정보에 의한 '개종'이라는 것이 금후는 가능성으로서 존재한다는 것입니다.

그런 사례가 정말로 있는지 어떤지, 조사를 하지 않아 모릅니다. 이론적으로는 있을 수 있는 이야기입니다. 어느 종교밖에 몰랐었지만 홈페이지를 보고 있자니 상당히 좋을 듯하다, 이쪽으로 바꿀까라는 태도가 형성되어 갈지도 모릅니다. 그런 의미에서 이것은 대단히 미묘한 문제로 들어가게 됩니다. 만드는 측도 그러하나 받는 측도 그래서 이제까지와는 다른 국면을 경험할 가능성이 있습니다.

그리고 무종교인이 종교에 관한 홈페이지를 보는 경우입니다. 이것도 여러 사람이 있다고 생각합니다. 저와 같이 연구자로서 보는 경우와 기토우(紀藤)씨처럼 어느 쪽인가 하면 위험한 종교를 체크하려는 감각의 분도 계십니다. 가장 라지컬한 반종교라고 할까, 종교를 박멸히려는 분도 계실 깃입니다. 각각의 주의주장은 자유로서 여러 가지 태도로 홈페이지를 보게 됩니다. 그러면 그에 따라 역시 여러 가지 사용법이 나옵니다. 보고 있어 재미있을 성싶어 입교에 이르는 경우도 있고 오히려 나와 있는 정보를 지신의 비판 근거로 사용하려는 그런 것도 당연히 있습니다. 그리고 연구자의 경우는 아마도 이렇게 될 것입니다만, 주로 지식의 집적에 이용해 간다는 것입니다.

즉, 같은 홈페이지상에 실린 정보가 사람에 의해서는 완전히 다른 사용법이 되는 것입니다. 이것은 물론 책에서도 텔레비전, 비디오에서도 같다고 하면 같을 지도 모릅니다. 그렇지만 책을 내는 경우에는 어느 정도 각각의 긴 역사가 있어 내는 측도 어떤 사람이 읽을 것인가를 상정하여 쓰는 것이 일반적입니다. 인터넷에 관해서는 아직 역사가 얕은 만큼 아직 거기까지 생각지 못한 곳이 많다고 생각합니다.

유저의 신뢰성

이노우에(井上) 따라서 인터넷상에 정보를 내는 것이 종교단체에 있어서 길인지 흉인지 취급법에 따라 어느 쪽으로 향하는지의 차이는 대단히 크다고 생각합니다. 그런 일반적인 문제를 포함해서 다음은 신뢰성 문제로 들어가겠습니다. 유저로서 보면, 단체가 발신하는 경우에도 그것이 정말로 실재하는 것인지 그렇지 않은 것인지 라는 문제가 있습니다. 인터넷 조직에 대해서 꽤 상세히 들어간 사람이라면 서버 등을 참고로, 이것은 똑바른 단체일 것이다, 혹은 그렇지 않을 것이다가 어느 정도 판단할 수 있습니다. 예를 들면, go.ac는 정부기관이고, ac.jp로 되어 있는 것은 연구기관이며 이들은 일단 괜찮은 것이라는 판단이 서는 것입니다. 그렇지만, 전혀 그런 류의 지식이 없는 분도 계십니다.

아까 가톨릭 이야기가 있었습니다. 주소에 가톨릭이란 철자가 섞어 있거나 홈페이지의 톱페이지에 가톨릭 문자가 있거나 하면

'아아, 이 사이트는 가톨릭교회가 작성한 것인가'라고 생각해 버립니다. 더욱 버추얼 참배의 이야기에서, 앞서의 경우는 아타고 신사(愛宕神社)의 버추얼 참배입니다만, 완전히 개인적으로 완성한 사이버 신사가 있을 수도 있습니다.

제가 임시로 이노우에(井上) 신사라는 것을 만들어─미소기교(禊教)[39]에는 실제로 이노우에(井上) 신사라는 것이 있어 정말로 이 예는 곤란합니다만─버추얼 참배라고 할 경우에, 본 사람은 '아아, 이노우에 신사인가?'라고 생각해 버릴 가능성이 있습니다. 주소도 도쿄도(東京都) 시부야구(渋谷区) 정도까지 써두면 더욱 더 오해할 가능성이 커집니다. 그런 실재성에 관한 문제가 우선은 생각될 수 있습니다. 그리고 두 번째로 기톨릭의 경우는 오히려 이 쪽이있다고 생각합니다. 단체의 공적 견해인가, 신자 개인의 견해인가, 또는 이 중간 레벨의 견해인가, 라는 문제입니다. 중간 레벨이라는 것은, 예를 들면, 하나의 교회라든가, 또는 봉사적인 신자집단이라든가 하는 것입니다. 그러면, 그러한 여러 가지 정보를 본 측이 그것으로 무언가에 대한 정보를 얻었는가라는 판단은 매우 어려

---

39 戦前의 신도 13파의 하나. 井上正鉄(1790~1849)가 교주. 正鉄는 武蔵国梅田神明宮의 神職으로서 활동하고 있었지만, 그 활동이 막부에 혐의를 받고 三宅島에 유배된다. 사망 후, 제자들이 講社(契를 조직하여 神仏을 참배하는 단체, 결사)를 결성하고 가르침을 넓힌다. 1896년에 禊教로서 일파 독립. 현재 山梨県北巨摩郡에 본부가 있다.

워지게 된다고 생각합니다.

연구자의 경우, 비교적 컴퓨터를 잘 사용하는 사람은 아마도 이것은 공식 홈페이지이니까 이렇게 이해하자라든가, 또는 무슨무슨 교회의 것이니까 이처럼 이해하자는 판단이 설까합니다. 그러나 그런 훈련을 받지 않은 대부분의 사람에게는 여러 정보의 레벨의 혼재를 어떻게 구분할 것인지, 어떻게 그것을 평가할 것인지라는, 귀찮은 문제가 있습니다.

더욱, 매우 복잡한 내용이 되면 도대체 이것은 최종적으로는 무엇을 목적으로 한 정보발신인 것인지 라는 것도 됩니다. 특히 '답변을 전자메일로 부디'라는 것은 정중하게 응해주기 위한 것인지, 아니면 더욱 악질적인 것을 하기 위한 '전자메일 주세요'인지, 이런 일도 있습니다. 이 점도 대체로 판단할 수 있는 사람과 판단할 수 없는 사람이 있다고 생각합니다. 그런 신뢰성이 앞으로는 대단히 큰 문제가 될 것입니다.

지금까지는 비교적 정해진 단체가 인터넷을 이용하고 있습니다. 종교단체는 아까 이시이(石井)씨가 모두에서 소개하셨고, 96년이라면 아직 종교관계는 90개 정도였습니다. 그 정도라면, 대체로 개별 판단을 하기 쉬운 것입니다. 숫자가 제멋대로 늘어가면 지금 말한 실재성의 규명과 그리고 어느 레벨에서의 발언인가라는 규명은 극히 곤란한 문제가 된다고 생각합니다.

'우선은 인터넷' 세대

이노우에(井上) 실재성을 확인하지 못해 인터넷은 독자 공간이라는 것이 반드시 성립되지 않는다, 이렇게 이야기할 수도 있고 그렇지 않을 수도 있습니다. 이것은 다음 '콘텐츠[40] 문제'와 관계됩니다. 유저들에게도 인터넷에 접하는 방법은 여러 가지가 있습니다. 가령 절실성과 유희적 시점에서 보면, 유희성이라면 보고 즐기는 것으로 넷 서핑[41]에서 재미있는 정보가 어떤 것인가가 포인트입니다. 그 한도 내에서 거짓말 정보라면 무엇이라도 좋습니다.

거짓 정보라면 인터넷에는 넘치고 넘칩니다. 이 중에는 상당히 재미있는 것도 있습니다. 알고 계시는 분도 있다고 생각합니다. 일본에 코털에 대한 정보가 난무하였습니다. 즉, 아픔에 관한 기준을 국제적으로 정했다는 이야기입니다. 아픔이라는 것은 매우 주관적이어서 모릅니다. 그래서 코털을 하나 뽑았을 때 아프다고 느끼는 이것을 '일비모(一鼻毛)'라고 아픔의 단위로 정했답니다. 2줄 째의 아픔이라면 코털도 2개가 됩니다. 이런 누구도 알 수 있는 아픔에 대한 국제 기준이 생겼다고 천연덕스럽게 메일상에 나

---

40 실제로 사이트에 수록되어 있는 정보 내용을 말함.
41 net surfing : 인터넷 사이트를 이쪽 저쪽 보고 돌아다니는 것을 말함. 인터넷 시대의 조어의 하나.

비하여 믿었던 사람도 있었습니다. 곧 거짓말이라고 드러났으나 이것을 단지 놀이라고 해야 할지, 이런 것은 반복되므로 앞으로도 계속 일어난다고 생각합니다.

그런 사람에게는 아마 종교에 관한 것이라도 재미있다는 요소만으로 좋다고 생각할 것입니다. 그렇지만, 개중에는 어떤 종류의 절실성을 안고 넷 서핑을 하는 사람이 있을지도 모릅니다. 종교적인 문제, 해결하고 싶은 심각한 문제가 있다, 또는 트러블이 있다, 무언가 유효한 해결은 없을까. 그러나 주위 사람에게는 듣고 싶지 않고 변호사는 돈이 매우 비쌀지도 모른다. 반드시 그런 것이 아니고 기토우(紀藤)씨는 싸게 해주실 것이라 생각합니다만, 그런 장애를 인터넷은 어느 정도 클리어할 수 있는 셈입니다.

비교적 가볍게 어떤 기본적인 정보를 찾을 수 있을 지도 모른다는 그런 절실성, 해결하고 싶은 문제가 있는 사람이 봤을 때는, 곧 그 문제가 매우 큰 문제가 되는 것입니다. 실재하는가 하지 않는가, 그것은 어디에서 어떻게 책임을 지는 문제인가, 그리고 무언가 질문을 할 때 그것이 어떻게 이용되는가라는 것입니다. 그런 유저의 사용법에 따라서 지금 인터넷은 매우 편리함과 동시에 위험하다란 요소를 지닙니다.

그렇다 해도 실제로 그런 속에서 실생활에 영향을 미치는 상황은 점점 증가하고 있습니다. 종교가 아닙니다만, 젊은 사람들 사이에서는 인터넷에서 사귀어 결혼하는 예가 있습니다. 전자메일이나 홈페이지에서 안 것이 계기로 결혼까지 간다는 예입니다. 어떻게 인터넷상에서 사귄 것만으로 신뢰할 수 있는가, 라는 거론은 낡은 감각이 될 것입니다. 오히려 여러 가지 교제의 시작이 전자메일이었던 세대에게는 인터넷이 '만남의 사이버 공간'이 되며 미팅과 닮은 기능을 가집니다. 인생의 반려도 이것을 계기로 정하는 것이 특별한 일은 아닐 것입니다.

종교에 입교하는 것도 지금까지는 사람이 사람을 믿어 소위 피부감각에서 납득해 간 것이었습니다. 그렇지만, 우선은 인터넷에서 기본적인 정보를 얻고 그리고 이곳은 상당히 좋은 정보를 흘리고 있다, 그러므로 나는 여기에 액세스히지는 사람도 늘이갈 지도 모릅니다. 그렇게 될지 어떨지는 모르나 필경 가능성으로서는 있다고 봐도 좋을 것입니다. 그렇게 되면 될수록 지금 말한 신뢰성의 문제는 크게 됩니다.

라크는 무엇을 주는가

이노우에(#ㅏ) 인터넷은 여러 가능성을 가집니다. 이에 대해서는 많이 거론하였기에 잠시 생략하고 마지막으로 '이 라크는 무엇을 주는가'라는 테마에 대해 언급해 보겠습니다. 지금까지 말했던 바처럼 인터넷은 상당히 위험한 요소도 포함하고 있습니다. 이것은 조금 이상한 표현일지 모릅니다만, 역시 인터넷이 인터넷으로 끝나지 않는 구조가 어딘가에서 필요할 것이라 생각됩니다. 인터넷에서 움직이는 정보의 실재성을 확인시키는 장이 어느 정도는 있어 좋은 것이 아닐까. 그런 것이 전혀 없으면 이 '인터넷과 종교'라는 문제는 매우 위험한 면을 많이 가지고 있다고 생각합니다.

이 심포지엄 자체가 라크의 일주년 기념이란 의미도 포함하고 있어, 감히 말씀드립니다. 신뢰성을 둘 수 있다면, 여기에서 소개하는 정보가 기본적으로는 교단제공의 정보에 크게 의존하고 있기 때문입니다. 다양성을 주기 위해서는 후에 어떤 것이 필요할까라는 것도 지금 생각하고 있습니다. 이것은 균형과도 연결되어 종교에 관한 여러 가지 의견, 입장을 어떻게 반영할 수 있을까라는 것입니다.

이것을 '책임을 동반한 off'라고 표현했습니다. 컴퓨터 통신에서 실제로 만나는 것을 off라고 합니다. 이것은 이미 상식적인 것입니다. 매우 재미있는 표현이죠. 보통은 off라고 하면 끈다는 의미입니다. 인터넷에 연결되어 있을 때가 on이고 실제로 얼굴을 마주칠 때가 off라고 하게 된 그 말의 동기 자체도 대단히 상징적이라고 저는 생각합니다. off는, 어느 종류의 기능도 가집니다. 모두가 버추얼, 인터넷상에서 완결하는 시대가 이윽고 오는 것인지 어떤지 모릅니다. 그러나 임시로 그렇게 된다 해도 매우 먼 훗날의 이야기입니다. 현실 세계와의 연결을 어떻게 연결시킬 것인가 라는 쪽이 인터넷이 조금 더 보급하면, 더욱 더 주요한 문제가 된다고 예측됩니다.

그 때 종교정보에 관해서 개개 교단이 제공하는 것은 아무래도 그 교단 색이 붙어 있다고 보입니다. 아무리 가톨릭이 전세계적이라 해도 그것은 기독교 안에서이고 다른 종교에서 보면, 그곳의 off에 참가할 수 없는 그런 것도 있다고 생각합니다. 이럴 때, 여러 교단에서 어느 정도 거리를 두고 연구자도 개재하는 라크적인 것이 중요하게 됩니다. 라크만이 아니라 다른 곳에서도 복수로 생기는 것이 바람직하다고 생각합니다. 이것을 더욱 더 키우지 않으면 앞서 제기한 문제가 앞으로는 매우 복잡하게 될 것입니다.

끝에 저희들이 하고 있는 일의 선전으로 마무리를 하였으나 이에 관한 여러 가지 의견들은 뒤에 자유토론 때 하셨으면 합니다. 우선은 문제제기를 하며 끝맺겠습니다.

이시이(石井) 감사합니다. 이것으로 여섯 문의 토론자로부터의 이야기가 끝났습니다. 어느 토론자 이야기도 매우 자극적이고 흥미로운 것이었습니다. 시간도 많이 지나 슬슬 눈과 머리도 피

곤해졌을 것이라 생각합니다. 이 정도에서 일단 휴식에 들어가 겠습니다.

2. 자유토론

이시이(石井) 전체토의를 시작하겠습니다. 토론 또는 해설을 부탁 하신 선생님들로부터 여러 지적이 있어 다양한 취급법이 가능하 다고 생각합니다. 기본적으로는, 인터넷이란 새로운 미디어 도구 가 종교단체에게 어떠한 의미를 가지는가, 또는 우리 일반적인 일 본인에게 그것에 의해 종교에 관한 정보 또는 종교와의 관계가 어떻게 변해 갈 것인가 라는 것이 금번 심포지엄의 중심이며 또 여러분의 관심일 것입니다.

이제까지, 어느 쪽인가 하면, 발제를 받은 종교단체 관계자 선 생님은 매우 플러스면, 마츠쿠마씨는 마이너스면을 지적하셨으나 전체적으로는 적극적으로 한 쪽의 의의를 말씀하고 계신다고 생 각합니다. 그래서 다음에는 마이너스면에 대해 언급해 보았으면 합니다. 퇴보를 위한 토의를 하자는 것이 결코 아니라 현상을 다 각적으로 똑바로 파악하자는 것이 목적입니다.

토론자 분들의 이야기를 듣고 있으니 이제까지 신사에 실제로 오시지 않았던 또는 절에 오시지 못했던 분들, 이를테면 해외에 계시는 분이라든지, 또는 장애를 가지신 분, 또는 이제까지 신사나 절 이름조차 모르셨던 분들이 인터넷상에서 참배하는 것을 참배라고 해도 좋을 지에 대한 문제는 다시 뒤에서 취급하겠습니다. 이런 점에서 확실히 새로운 가능성이 일반인들에게 열려져 있다고 생각합니다.

그렇지만, 앞서 가톨릭 중앙협의회의 마츠쿠마씨로부터 지적이 있었듯이 로마교황의 내일이 결정되었다는 소문이 유포되었다든가 또는 지방에 대한 중앙의 개입이 강화되는 것이 아닌가, 또는 구체적인 의례를 어디까지 인터넷 내에서 인정하는가라는 교단 교의상의 문제, 게다가 일반적인 우리들의 문제가 있습니다.

다시 한 번 마츠쿠마씨에게 운영하는 당사자로서 인터넷의 장점을 포함해 어디에서 가장 이제까지의 포교나 내화상과 다른 점이 있는지, 그런 경우에 특히 단점으로써 어떠한 것이 상정되는지를 지적해주셨으면 합니다.

대화가 어떻게 변하는가

마츠쿠마(松隈) 인터넷이 보급됨에 따라서 해외와의 연결이 특별히 좋게 되었습니다. 단 문제는 여기에도 쓰고 있습니다만, 비방중상이 난무합니다. 이것은 저희들의 문제를 드러내는 듯해 뭐합니다만, 역시 인간과 인간이기에 그곳 교회의 신부와 신자가 맞다 맞지 않다는 것이 있습니다. 이렇게 되면 우리 신부님이 이렇게 말했다는 것이 가지가 뻗어 본인들도 모르는 사이에 점점 확산되어 갑니다. 확실히 이 분은 좀 이상하구나 하면 그에 대한 비판이 있겠으나 너무 집요하게 비판하는 것도 어떨까 합니다.

가톨릭교회의 교의 중에서 가장 시끄러운 것은 이혼 문제, 중절 문제[42] 등입니다. 비방중상이 이러한 예민한 문제와 관련된 경우 매우 복잡합니다. 이렇게 말씀드리면 조금 오해할지도 모릅니다. 가톨릭교회에서는 이혼해서는 안 된다고 되어 있습니다. 일반적으로 이혼에도 여러 이유가 있어 그 이유를 생각지 않고 처음부터 안 된다는 것은 아닙니다. 그렇지만, 배려가 부족하게도 '가톨릭에서는 이런 것은 인정하지 않습니다'만 반복하는 사이트가 있기도 합니다. 그것으로 당사자가 쇼크받으면 매우 곤란합니다.

그러므로 이런 예민한 문제가 있을 경우에는 매우 어렵다고 생각합니다. 이것이 인터넷상에서만 이라면 상대의 존재가 무시되는

---

42 가톨릭에는 이 외, 사제의 결혼을 인정하면 어떨까라든가, 여성 사제는 왜 안되는가, 라는 의론도 존재한다.

경향이 있습니다. 그 사람이 지금까지 살아 온 배경이 있어 그것을 무시하고 이야기가 진행되면 대단히 곤란합니다. 실제로는 그런 메일도 상당히 있습니다. '이런 경우 저는 죄인입니까?' 따위로 이런 이야기를 들으면 역시 생각하게 됩니다. 이런 메일에 답 쓰는 것으로 1주 정도 걸린 적도 있습니다. 이 부분에 어려움이 있습니다.

이시이(石井) 방청석에서 질문이 있었습니다. 인터넷은 이제까지 교단의 조직이라든가 커뮤니케이션 방식에 상당히 영향을 줄 가능성에 대해 처음부터 저는 생각했었습니다. 앞서, 시타라씨는 인터넷 페이지에 일반인의 클릭이 많았다고 말씀히셨습니다. 이제까지 신뇨엔에는 지침의 '스지오야(すじおや)'[43]가 있어 실제로는 무릎을 맞대면시 매우 세심한 접촉 아래에서 이끌어 가는 시스템이었습니다. 한편, 실제 그런 예가 있는지 어떤지는 모릅니다만, 인터넷 정보에 의해 신뇨엔은 이런 곳인가 하며 입회해 오는 분과는 역시 다른 것이 아닐지. 이것을 다시 '스지오야' 시스템에 넣어 가는 것은 매우 어려운 일이 아닐까라는 우려도 있습니다. 인터넷상에서 회원이 된 분과 실제로 '스지오야' 분에게

---

43 真如苑 신자 조직인 스지(経)의 대표자를 말함. 스지는 최저 백 세대 정도로 형성되며 2000세대 정도의 큰 것도 있다.

인도된 분은 다른 것이 아닐까요. 그렇지 않다면 그다지 틀리지 않다고 생각해도 좋은 것일까요.

시타라(設楽) 시작하여 아직 2개월이므로 홈페이지를 보고 신심을 갖고 싶다는 예는 아직 없습니다. 정말로 그런 케이스가 늘어났으면 하고 바라지만, 기본적으로 종적인 지침은 '스지오야'라는 교화의 라인 속에서 소개로 들어오는 것으로 저희의 방법은 일관되리라 생각합니다.

단지, 인터넷상에서 알게 되어 대화하는 사이에 어떠한 경과인지는 모르겠지만, 인연이 되어 들어온다는 예는 이곳저곳에서 들었습니다. 그런 시대가 되었구나 하고 생각합니다. 그렇지만, 그때에도 어딘가의 시점에서는 얼굴을 맞댈 것이어서 시스템이 어떻게 변해도 결국은 저희의 방식 라인을 타게 되는 반드시 이런 스타일을 취할 것이라고 생각합니다.

정보 통제를 하는 것인가

이노우에(井上) 앞에서는 가톨릭의 문제를 들었습니다. 여러 의견이 자유로이 난무하는 것은 인터넷 시대가 되자 곧바로 일컬어진 것으로 특정한 종교단체에 한정된 것은 아닙니다. 단지 외부인이 보면, 교단의 공식적인 정보 외에는 진짜 신자인지 어떤지 모릅니다. 여러 내정폭로처럼 보이는 것이 마이너스이기는 하나 실은 좋은 면도 있습니다. 아무래도 공식적인 것은 아름다운 것만 보이고 실정은 보기 어려운 것이겠죠.

그런데, 개개의 교회라든가 멤버가 자유롭게 의견을 내놓고 있으면 중상이라든가 비판이라든가 공격 중에서도ー물론 정도라는 것이 있습니다만ー실은 오히려 이것이 생동하고 있다는 것을 보여준다고도 생각됩니다. 매우 무책임한 입장에서 말씀드리면, 재미있어지는 것입니다. 그래서 피부를 드러낸다는 것은 외부인에게는 플러스나 역으로 교단에게는 마이너스가 되는 것입니다. 지금까지는 밀실에서 하고 있었던 여러 기지기 그렇게 될 수 없게 되거나 하기 때문으로…….

그래서 일어나는 문세로서 신경쓰이는 것은 본디 통제할 방법이 없어져 가는 신자나 각 교회 레벨에서의 정보발신에 대한 다소간의 정보통제 같은 것을 생각하고 계시는지 어떤지, 그것은 이미 안 된다고 생각해서 하지 않는 방향이신지, 다른 분에게도 조금 들어보고 싶습니다. 그다지 실효가 없다고 해도 각종 교파나 교난 레벨에서는 누언가 체크하려고 생각하시는지 어떤지 매우 관심이 많습니다.

마츠쿠마(松隈) 우선 그런 것은 무리라고 생각합니다. 오히려, 이노우에(井上) 선생님이 말씀하셨듯이 비난의 응보는 정도 차에 의합니다만, 어느 의미에서는 이것으로 저희들 자신의 한계성이나 이런 것에 아직 부족하다는 인식의 한 동기가 될 가능성도 확실히 있습니다.

신자들 중에서도 여러 사고가 있어 그것을 일괄적으로 '이렇게 하시오'라는 것은 우선 무리한 이야기입니다. 종교에만 그치지 않고 인터넷상의 여러 곳에서 비난의 응보는 있습니다. 이것으로 어느 의미에서는 나아지는 부분이 있다고는 생각합니다. 그러므로 반드시 그것이 마이너스만은 아닐 것입니다.

다만 문제가 너무 심하게 되면, 예를 들어 명예훼손이란 문제가 나올지도 모릅니다. 이런 문제는 또 다릅니다만, 기본적으로 이런 정보발신에 무언가 규제를 건다든가 체크할 수는 없다고 생각합니다. 정도의 차이겠으나 그것으로 서로가 성숙해 가면 좋은 것입니다. 너무 황당하면 '미안합니다만'이라며 양해를 구해야 되겠죠. 그렇지만, 기본적으로는 해서는 안 되며 우선 할 수 없다고 생각합니다.

이노우에(井上) 미안합니다. 저도 통제라는 표현은 잘못됐다고 생각합니다. 그러나 예를 들어 대학에서 학내 랜[44]을 열자 학생들에게도 당연히 여러 인간이 있어 잠깐 사이에 이상한 페이지를 만들어 버리는[44] 학생이 실제로 나타났습니다. 그래서 이런 학생에 대한 네티켓[45]을 적용하거나 가이드라인을 만들었습니다. 학내라면 이들 위반한 자의 주소를 정지할 수 있습니다.

그렇지만, 원래 인터넷 자체는 그런 것을 할 수 없고 제멋대로입니다. 그래서 '가톨릭 신자이므로 이런 네티켓은 지킵시다'와 같은 생각을 하고 계시는지 어떤지라는 의미입니다.

마츠쿠마(松隈) 그것을 어떻게 말할 수 있을까요. 인터넷이 시작하기 전부터 전 세계 가톨릭교회 안에서도 여러 문제가 있었습니다. 예를 들면, 남미 등에서는 예전에 취급하였던 '해빙신학'[46]이

---

44 학교내에서의 랜, 즉 컴퓨터 네트워크를 말함. 랜은 Local Area Network의 앞 글자를 딴 것으로 기업이나 학교, 그 외 정보를 조직내부에서 빈번하게 주고받을 필요가 있는 곳에서는 필수적인 것이 되었다.

45 넷상에서의 에티켓이라는 의미로 컴퓨터 시대의 조어이다. 홈페이지에서 특정 인물을 비방하지 않는다든가 짓궂은 장난 메일을 보내지 않는다든가 쾌적하게 컴퓨터를 사용하기 위해서 정보의 발신·수신을 하기 위한 자주적인 룰.

46 라틴아메리카를 중심으로 해서 제3세계에서 전개된 기독교의 실천적인 사상운동. 1950~60년대에 라틴아메리카의 슬럼이나 가난한 미국 슬럼, 가난한 농촌에서 사람들과 생활을 함께 한 기독교 성직자들이 생각해낸 사상이 처음이라고 한다. 영혼의 구제를 설파하는 것만이 아니라 실제로 빈곤이나 억압, 부정 등에서 사람들을 해방시킬 운동의 필요성을 설파하였다. 그러나 일부에서는 마르크스주의와 결부시킨 과격한 운동으로 전개하는 경향을 보여 반드시 기독교 전체로부터 지지를 받고 있지는 않다. 게다가「행방신학」이란 명칭은, 페루의 사제 G. 구티엘레스의 저서『해

란 것입니다. 이 외 세계 각지에서 여러 가지 논쟁이 있습니다. 일단, 저희들 교의는 한 권의 책이 되는 셈입니다. 우리들은 '카테키즘'이라고 합니다.

또 로마교황이 여러 문서를 내거나 또는 일본 사제들이 문서를 내거나 합니다. 아마도 처음은 이러한 형태를 취해 갈 것이라고 생각합니다. 다만, 말씀하셨던 바와 같이 가이드라인으로써 최근에 약간 이상한 이미지는 있으나 어느 정도 가이드라인이란 것이 확실히 필요하며 이것 이상은 안 된다는 것도 확실히 있다고 생각합니다.

'종문에 말씀드리다'

이시이(石井) 고바야시(小林)씨의 발표를 듣고 있으니 오히려 '종문에 말씀드리다'는 입장인 듯 합니다. 또는 종문의 공식 페이지가 충분히 확립하고 있지 않다는 점을 살려 사회적인 문제에 적응하려는 것 같기도 합니다. 그 사이 교단과의 불화를 느끼고 계십니까, 그렇지 않으면 오히려 활성화에 연결되었다고 생각하십니까?

방신학』(関望, 山田経二訳, 岩波書店, 1985)에 의한다.

고바야시(小林) 지금 현재는 오히려 교단의 활성화라는 기대 아래 움직이고 있어 아직 불화는 일지 않았습니다. 단지, 장기이식 문제 등은 공식 페이지 쪽에서도 의견이 실려 있어 이런 것과 비교해 읽어보는 것도 중요한 것이라 생각합니다. 아직 공식 페이지가 완전히 완성되지 않은 상황으로 공식 페이지에 가면 전부 의견을 파악할 수 있는가 하면 실은 그렇지 않은 현실입니다. 그렇지만, 본산 공식 페이지, 교구 공식 페이지라는 링크가 붙어 있어 언제나 그곳에는 갈 수 있도록 하고 있습니다.

이시이(石井) '종문에 말씀드리다'는 구체적으로 어떠한 것을 말씀하시는 것입니까?

고바야시(小林) 여러 가지 종문 행사 등이 있습니다. 이 행사에 대한 운영이라든가 스탠스에 대한 의견 따위를 언급하고 있습니다. 예를 들면, 치도리가부치법요(千鳥ヶ淵法要)[47]를 어떻게 생각해 나가야 하는가 따위입니다. 소기의 목적과 다소 어긋남이 있었던 시기가 있어 그것에 대한 의견을 말한다든가 전통교단이기에 오랜 동안 여러 가지 문제가 일어나기도 합니다. 이러한

---

47 東京都千代田区에 있는 구 에도성의 내수로의 일부. 무명 전사자를 받드는 千鳥ヶ淵전사자 묘원이 있다.

문제가 현재 일어나고 있으며 관계자의 의견이나 종문의 대처에 대한 정보가 거의 일반 승려에게는 흘러 들어오지 않습니다. 그러므로 지금 무엇이 문제되는가를 밝혀 그 문제에 대해 종문이 똑바로 대응해 주었으면 하는 의견을 말하기도 합니다. 교단이란 입장에서 보면 통제할 수 있는 할 수 없다는 단계에도 아직 달하고 있지 않습니다. 정보가 교단의 일부에서 멈춰 있는 상태에서 조금이라도 많은 정보를 실어 가고 싶습니다. 여론이라면 과장됩니다만, 종문여론을 똑바로 구축하여 교단의 자세를 바르게 해간다는 목적입니다. 종문 자체도 대립보다도 종문여론의 활성화를 구하는 단계라고 생각합니다.

이노우에(井上) 일찍이 저는 전통종교가 인터넷 시대에 매우 뒤늦었다는 인상을 가지고 있습니다. 그 하나의 이유로서는 교단 내에서 필요성을 느끼고 있는 세대는 비교적 젊고 실제로 교단의 활동내용을 결정하는 사람들은 점차 고령화해 가고 있어 때때로 현실 사회의 변화를 이해하고 있지 않기 때문입니다. 인터넷이 필요한가에 대해 그런 것은 오히려 악영향을 준다는 인식을 가진 분조차 있습니다.

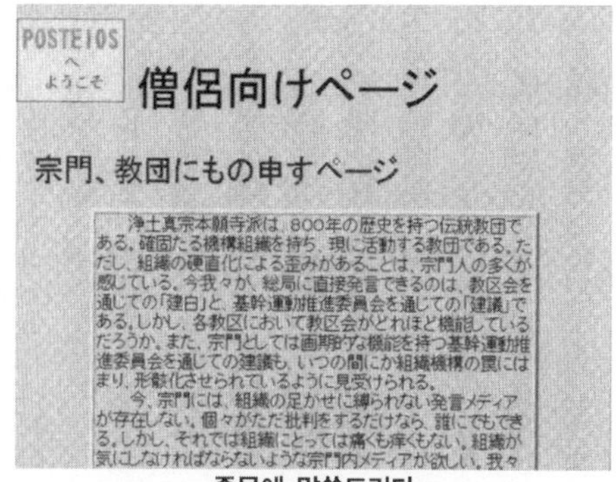

그리고, 마츠오카(松岡)씨가 소개한 예처럼 특히 그렇다고 생각합니다. 버추얼 참배라고 듣는 것만으로도 괘씸하다는 분이 계십니다. 실제로 보고 있지도 않으면서 비판이 나온다는 것이 사태를 상징하고 있다고 생각합니다. 인터넷 운운뿐만 아니라 새로운 미디어에 대한 인식 자체에 매우 늦어 있습니다. 기업이라면 이에 대응하지 않으면 망해 버리기에 사장은 모른다고 해도 어느 분만은 알고 있어야 무너지지 않을 것입니다.

그렇지만 종교는 망하지 않는다, 특히 전통종교는 망하지 않을 것입니다. 실은 대학도 그렇습니다. 국학원대학이 최근 겨우 학내 랜을 정비했습니다만, 이것은 그렇게 해야만 학생이 오기 때문입니다. 그리고 이 중 교직과정에서 종교교육을 해야만 이번에는 교원면허증을 취득할 수 있어 대학의 존속문제에 관련되는 이런 것 때문에 비로소 실제로 받아들인 것입니다. 비슷한 예가 종교교단에서도 있어 인터넷을 도입하지 않아도 달리 곤란하지 않다, 우리 종문은 단가(檀家)가 있고 계명료(戒名料)가 있고 보시가 있는 한 안심이라는 의식이 있는 것이 아닐까요? 그리고 이것이 실은 이 새로운 도구를 채용하는 데 가장 큰 저항력이 되는 인상을 주고 있습니다. 잠시 짓궂은 질문이었으나 실정으로서는 어떠한 것인지는 말하기 어려울 것입니다.

고바야시(小林) 실제 인터넷에 대한 교단의 움직임은 혼간지(本願寺)가 매우 늦었다고 생각합니다. 왜냐하면, 인터넷이 무엇인지 몰랐다는 것이 가장 큰 이유라고 생각합니다. 그러나 지금은 인터넷이 필요하다는 인식으로 변해 가고 있습니다. 단지, 공식 페이지를 보고 있는 한 교단은 아직 수비자세에서 벗어나지 못했습니다. 인터넷을 실제로 운용하기 시작하면 수비만으로는 도무지 해나갈 수 없을 것입니다.

수비에 있어서도 의견을 고할 수 있어야 지킬 수 있습니다. 따라서 인터넷을 도입하는 것에 의해 오히려 교단 자체의 활성화도 매우 희망적인 관측입니다만, 가능성이 있다고 생각합니다. 공식 페이지는 의사결정기관의 의견통일을 해야만 공식견해를 발표할 수 있습니다. 현시점에서는 공식견해를 일반사원 또는 그룹차원에서 의견을 내는 것은 불가능하다고 생각합니다. 어찌하면 좋을지 당황스럽습니다. 오히려 이런 외중에서는 우리들이 공식 페이지를 키워 간다는 이런 의식이 필요하리라 생각합니다. 본산 공식 페이지를 화면에서 보고 계십니다만, 중요한 곳은 거의 준비중입니다. 모처럼 공식 페이지에 링크해 보신 분은 '어머나'라는 상황입니다.

라이프 스페이스 문제

기토우(紀藤) 지금 문제와 관련하여 앞서 언급하신 『인터넷백서』를 보면, 홈페이지 작성율은 5천명 이상의 기업에서는 100%라 합니다. 천명에서 4,999명 규모로 85.7%, 작성율이 가장 낮은 것은 50명에서 9명 규모로 42.4%, 게다가 이것을 하회하면 역으로 비율이 높아져 가는 듯합니다. 이런 측면에서 보면 종교 사이트는 확실히 야후에서 검색하면 1,600개 정도이고 종교 단체 수는 일본에 약 26만 정도 있다고 하니 이와 비교하면 아직도 상당히 적은 수라 할 수 있습니다.

특히 종교 사이트 중에서 종교 카르트와 같은 사이트는 비교적 활발하게 움직이기도 합니다. 제 홈페이지에 들어오시면, 제일 먼저 홈페이지상에 명예훼손으로 재판하고 있는 라이프 스페이스[48]라는 종교 단체에 관한 페이지가 있어 많은 정보를 싣고 있습니다.

우연히 오늘 이 라이프 스페이스 종교 단체의 시설 내에서 경찰이 가택수색을 하자 사체가 발견되었다는 상황이어서 뉴스에 많이 취급되었다고 생각합니다. 꽤 폭주기미의 종교 단체입니다. 이 단체는 원래 자기계발 세미나에서 출발한 것으로 이 페이지의 기본 정보에 들어가면 '라이프 스페이스 기본정보 링크집'이 있고, 그 밑에 SPGF(샤크티 파조 그르 화운데이션), 이것이 '라이프 스페이스'의 홈페이지입니다. '오늘 뉴스'에는 11일, 10일, 9일이란 식으로 매일 교신을 하고 있어 매우 활발하게 뉴스가 흐르고 있습니다.

게다가 스스로 생각해도 매우 잘 만든 홈페이지로 비교적 재미있습니다. 내용은 모르는 용어가 상당히 많이 있습니다만, 신자용, 또는 대외적으로 보면 매우 활발한 사이트라고 할 수 있습니다. 오늘, 가택 수색에서 사체가 발견되었다는 정세이나 일본에서는 제대로 된 종교와 그렇지 않은 종교를 생각해 볼 경우 그렇지 않은 쪽이 비교적 활발하게 인터넷을 이용하고 있습니다.

왜냐하면, 앞의 데이터에서도 알 수 있듯이 앞으로 신장하려는

---

48 高橋弘二(1926년생)를 두목으로 받드는 단체. 처음에는 자기계발세미나로서 출발하였지만, 점차적으로 종교색이 짙게 되어 버렸다. 1999년, 미이라화한 사체를 살아 있다고 주장하여 사회문제가 되었다.

종교단체가 인터넷을 매우 다용하는 것은 신기함과 젊은이의 마음을 사로잡는 요소가 대단히 많기 때문입니다. 이것은 미국에서도 그런 경향이 매우 강합니다.

그러므로 제가 말하고 싶은 것은, 우선 종교 사이트 중에 기존 종교단체도 몇 개나 사이트를 가지고 있어야만 소위 신규성의 관점에서 점차적으로 나오는 문제 있는 단체에 대한 대항세력을 가질 수 있다는 것입니다. 비교적 일본은 종교단체의 대부분이 여론에 일치하지 않거나 대외적인 활동과 일치하지 않는 면이 매우 크게 보인다고 생각합니다.

단적으로 지금 옴진리교 특별입법[49]이 국회에 상정되어 있습니다. 그렇지만, 종교 사이트에서 옴특별입법에 대한 견해를 발표한 사이트는 제가 보는 한 아마도 어디에도 없습니다. 파방법(破防法)[50] 때에는 그처럼 반대했으면서 옴특별입법 때는 종교단체 쪽에서 전혀 견해가 나오지 않았습니다. 뇌사에 대해서는 비교저 최

---

49 소위 옴신법을 말함. 옴신법은 정부 제안의 단체규제법안과 여당2당에 의한 의원제안의 파산특별조치법안으로 구성되어 있다. 1999년 11월 18일의 중의원본회의에서 자민, 자유, 공명 여당2당과 민주당 등의 찬성다수로 가결되었다.

단체규제법안은, 무차별대량살인행위를 행한 난체를 대상으로, (1) 공안조사청, 경찰에 의한 시설에 대한 현장검사나 구성원의 성명, 주소 등의 보고 의무를 과하는 관찰처분(3년 이내)의 실시, (2) 위험성의 증대방지를 위한 시설의 취득·사용 등을 금지하는 재발 방지 처분(6개월 이내)을 과하는 것이 기둥이 된다.

근에 나온 듯 합니다. 옴특별입법이 나올 때 종교단체측에서 전혀 의견이 없는 것에는 매우 위화감을 느꼈습니다. 이러한 것에 대한 애착이나 혹은 기존 종교 신자들이 카르트에 빠지는 일도 있어 이런 사람에 대한 신자 계발 교육 등이 만들어지고 있지 않다는 느낌입니다.

이러한 것에서 저는 기존 종교 사이트에 대한 강한 불만을 갖습니다. 확실히 '부적' 따위는 즐거운 것이나 여기에서 더 나아가 조금 더 그 주변 대책을 생각해야 한다고 늘 생각합니다.

이시이(石井) 홈페이지에서 옴특별입법 등에 관한 견해를 내는 것은 꽤 용기가 필요한 것일까요? 가능하면 내지 않고 끝내자는 것일까요? 이런 힐책을 해서는 안 되는 것일까요?

---

50 정식으로는 파괴활동방지법안. 1952년에 제정되었다. 치안유지를 중시하는 취지의 것으로, 이 법에서 말하는 '폭력주의적 파괴활동'이란, 내란·외환원조나 그 교사·선동, 정치상의 주의·시책의 추진·반대목적을 가지고 하는 소란이나 방화·열차 전복 등을 말한다. 이것을 단체 활동으로서 행한 경우, 그 단체에 활동 금지나 해산 등의 규제처분이 행해진다. 이러한 단체 및 그 구성원을 조사하고 처분하는 권한을 가진 공안조사청 및 공안심사위원회가 설치되었다. 이들은 운용 방식에 의해 집회·결사·사상·표현의 자유, 노동자의 단결권 등의 기본적인 인권을 침범할 위험성이 크다 해서 경계하는 사람들도 있다. 1995년 옴진리교에 의한 지하철 사린 사건 후, 이 법률을 옴진리교에 적용해야 한다는 의론이 일어났지만 결국 적용하지 않는 것으로 결정하였다.

카르트적인 종교단체

기토우(紀藤) 아마도 일본 종교단체의 문제점과 현실 사회의 문제점이 그대로 홈페이지에서도 일어나고 있다고 생각합니다. 일본 종교단체에 대해 외부에서 본 문제점은 너무나도 사회에 일치하지 않다고 할까, 초연하다고 할까, 가능한 한 정치적 발언도 하지 않으면서 움직이는 면이 있다고 생각합니다. 물론 국체라든가 그런 부분이 되면 약간 틀리나 그렇지 않은 부분에 대해서는 특히 사회문제 등에 대해서 너무 부족한 것이 아닐까. 이런 것이 홈페이지에서도 그대로 나타난다고 생각합니다.

그리고 좀 더 말씀드리면 저희는 사회문제에 접하고 있으며 볼런티어 운동도 많이 하고 있어요, 라는 이야기도 있어, 그것은 그것으로 훌륭한 활동입니다. 그러나 그 때에도 자신의 곳과 다른 문제가 있는 종교단체라나 여기는 문제가 있다는 곳에는 그다지 접하고 있지 않습니다.

예를 들면, 원래 소프트하우스에서 발전한 마이크로소프트라는 대단히 큰 인터넷 기업이 있습니다. 이에 대해 이것도 소프트하우스에서 크게 발전한 삼마이크로 시스템의 홈페이지를 보면 마이크로소프트의 빌 게이츠에 대한 비판이 많습니다. 서로 대립하는 상대에 대해 저쪽은 문제가 있다는 것을 기업도 확실히 표출하는 이것이 신규 부분에서 다뤄지고 있습니다.

이 부분은 종교 사이트가 아니어서 문제 있는 종교단체 또는 카르트적인 종교단체에 대한 종교측 자정(自浄)작용으로서는 거의 효과가 없습니다. 그러므로 앞서 말씀하셨듯이 지금 매우 효과가 있는 것은 주로 신자관리와 선전에서 대외적인 포교와 대외적인 코멘트라는 면으로 다소 부족한 이 부분을 어떻게 생각하고 계시는지, 잠시 문제를 제기하겠습니다.

이시이(石井) 이 점에 대해 무언가 말씀하시고자 하는 분 부탁드립니다.

마츠쿠마(松隈) 소위 폭주하는 종교 단체에 대한 것은 기존 종교단체의 책임의 하나로 실은 자주 지적되는 문제입니다. 그것을 어떻게 해야 한다는 생각은 있습니다. 단지 그렇게 될 경우 모여서 이야기를 하다보면 종교란 무엇인가라는 이야기까지 가게 됩니다.

이렇게 되면, 저희들은 종교단체라서 매우 어렵습니다. 다른 교단 여러분이 어떻게 생각하고 계시는지 물어보고 싶습니다. 결국 어디로 결론을 가지고 갈 것인지 결론이 나오지 않습니다. 이야기는 좀 어긋날지도 모르나, 종교법인법 개정[51] 때 저희들 쪽에서는 각각 전문가 10명 정도가 모여서 1년간 이야기를 하였습니다. 그러나 종합할 수 없었습니다. 이것은 실로 매우 추궁되어야 할 문제로 다른 분에게도 물어 보고 싶습니다.

사회적 문제에 대한 발언

이시이(石井) 지금의 키워드는 인터넷으로 현실적으로 교단이 어디까지 사회적인 문제에 대응할 수 있는가, 거기까지 화제를 넓혀 가고 싶지 않습니다. 다만, 인터넷을 부팅하고 계신 분들은 기본적으로 사회적인 문제에 관심 있는 분들이라고 생각합니다. 그런 점에서 만약 무언가 의견이 있으시다면 패널리스트 분부터 의견을 부탁드리며 이 점에 대해서는 반드시 좌중에 계신 분들도 의견이 있으시리라 생각하여 여쭈어보고자 합니다.

고바야시(小林) 적어도 다른 종교, 다른 교단에 대한 의견은 대단히 말하기 어렵습니다. 그리고 범죄와 직접 연결되면 이야기가 가능할지도 모르나 저희들 그룹에서도 다른 교단을 비판하여 자신들 교단이 정당하다는 형태의 교화 방식은 바르지 않다고 말합니

---

51 현행의 종교법인법은 1951년에 제정되었지만, 옴진리교 사건을 계기로 개정논의가 일어나, 1995년 12월에 개정되었다. 개정을 둘러싼 논의에 대해서는, 국제종교연구소 편, 『종교법인법은 어디가 문제인가』(弘文堂, 1997년)를 참조

다. 그것보다 저희들 가르침이 어떻게 훌륭한 것인지를 알게 하는 것이 중요하고 그 문제가 되면 반드시 그곳에 간다고 생각할 수 있게 하는 것입니다.

그러므로 반사회적인 종교단체에 대해 일변련(日弁連)에서 의견서가 나왔을 때 곧 저희들도 대응했습니다. 그렇지만 옴신법에 대해서는 움직임이 나빴다고 생각합니다.

이노우에(井上) 저는 기토우(紀藤)씨와는 다른 생각을 가지고 있어 잠시 말씀드리고 싶습니다. 하나는, 사회적, 정치적인 것에 종교단체가 발언하는 것을 일본 사회 전체가 싫어하는 풍조가 있습니다. 정치에 관련되면 우선, 종교는 정치에 관여하지 말 것이며 종교단체 간에 공격을 하면 역시 바람직하지 않다고 비판을 받습니다. 이것은 종교단체만이 아니라 일본 사회 자체가 이런 경향을 가지고 있다고 생각합니다.

앞의 광고문제에서도 이것은 옛날부터 말해져 온 것으로 미국은 자주 상대를 비판하나 우리는 비교 광고하여 상대보다 이렇게 좋다고 강조하는 것입니다. 일본의 경우에도 최근 이런 광고가 나왔습니다만, 비교적 이미지적으로 자신들의 좋음을 어필하려는 것이 특징입니다. 이러한 것은 결코 종교단체에만 해당되는 것이 아니며 일본 종교단체만이 사회성이 부족한 것이 아니라고 저는 생각합니다.

게다가, 만약 공격까지는 가지 않아도 어떻게 틀리는가라는 것을 말하기 시작하면, 이것은 미국의 그야말로 카르트 문제도 이렇습니다. 갑자기 반론이 와서 개인 레벨이 아닌 단체 간의 대단한 의론이 될 수도 있습니다. 이것은 이것으로 의미도 있을 수 있습니다. 그러나 자칫 잘못하면 끝없는 비난중상이 단체 상호간에서 일어날 가능성이 있습니다. 그러므로 지금 막 출발한 일본 종교단체 인터넷에서는 이런 일은 하지 않는 쪽이 좋을 것이라고 저는 생각합니다. 이러한 입장에는 반론도 있겠습니다만⋯⋯.

마츠오카(松岡) 이노우에(井上) 선생님이 제 심중을 전부 읽어주셨듯이 역시 비교 광고가 최근 일본에서도 겨우 나오고 있습니다. 일본인 속에 이러한 정신적인 토양이 있어 선택이 되면 다행이나 저쪽이 안 좋으니 이쪽으로 하세요라고는 결코 할 수 없는 상황입니다.

또 앞으로 뻗어나가려는 곳에서는 활동력이 있어 그에다가 이쪽이 무언가 잘못된 것이 아닌가라고 지적하면, 굉장한 일이 됩니다. 수많은 전화가 조직적으로 계속 울리거나 팩스가 계속 흘러나오거나 합니다. 예로, 저희들이 신뇨엔을 항의하자 신뇨엔이 그런 수법으로 항의하신다면, 본래 저희들이 해야 할 종교활동이라든가 신자와의 대화라는 것이 일절 멈춰버립니다. 이것이 가장 두렵다는 느낌을 갖습니다. 좌석이 옆자리여서 신뇨엔씨의 이름을 빌렸습니다만(웃음).

이시이(石井) 감사합니다. 좌중에 계신 분으로 지금 문제에 관해 발언하시고자 하는 분 계십니까?

야마구치(山口) 변호사 야마구치 히로시(山口広)입니다. 스스로 타자도 칠 수 없고, 만져본 적도 없는 원시인으로 오늘은 잠자코 있으려 했으나 한마디만 말씀드리겠습니다. 앞으로 각 종교단체가 인터넷 홈페이지를 열 것입니다. 예를 들어 저희 영감상법(靈感商法)[52] 피해변연(被害弁連)에서도 홈페이지를 갖고 있습니다. 그래서 '이 종교는 어떻습니까'라든가 '이에 대해서는 어떻게 생각합니까' 등의 여러 질문이 있습니다. 이것은 필경 지금 각 교단에서 애매하게 되어 있

야마구치 히로시씨

---

52 '선조의 저주가 있다' 등이라 해서 인감이나 항아리 등을 고액으로 파는 방식. 각지에서 소송문제가 되고 있다. 특히 世界基督教統一神靈協会(統一教会)가 행한 것이 유명하지만, 통일교회측은 영리활동은 하고 있지 않다는 반론으로 일관하고 있다.

는 부분에 대한 답을 요구하는 시대이므로 이런 의미에서는 기대할 만한 시대가 올 것인가 라고도 생각합니다.

단적으로 예를 들면 '정토진종과 정토종[53]이 어떻게 틀립니까', '어째서 가톨릭과 개신교[54]가 있습니까', 이 정도의 질문을 포함해 여러 가지 나옵니다. 이에 각 단체가 어디까지 성실하게 답할 수 있을 것인지, 문제되는 곳입니다. 덧붙여서 저희들 피해변연 상담 홈페이지는 관련 변호사가 바빠서 교신하지 않은 채 거의 1년간 방치해 두었습니다. 태만해서입니다. 기토우(紀藤) 변호사의 홈페이지 쪽이 매우 활발합니다. 그래도 역시 홈페이지에서 실태를 알 수 있어 좋았다든가, 복잡하나 대단히 중요한 질문이 오거나 해서 홈페이지 또는 인터넷의 위력 자체는 통절히 느끼고 있습니다.

---

[53] 호우넨(法然, 1133-1212)을 종조로 하는 불교종파. 아미타불을 믿으며 염불을 읊으면 극락정토에서 왕생한다는 것을 설파하여 널리 사람들에게 받아들여졌다. 무량수경, 관무량수경, 아미타경의 이른바 정토3부경과 世親의 '往生論'을 중심적인 경전으로 한다. 京都市 東山区의 智恩院이 총본산. 또, 東京都 港区 増上寺는 대본산의 하나이다. 사원수는 약 7천.

[54] 16세기에 루터, 켈빈 등이 가톨릭교회를 비판하여 일으킨 종교개혁의 흐름을 취한 기독교 흐름에 대한 총칭. 그 후, 수많은 교파로 나누어졌다. 근대 이후 일본에서도 북미나 영국으로부터의 것을 비롯하여 많은 개신교파가 선교로 도일하였다.

왜 기성교단은 움직임이 둔한가

마루야마(丸茂) 일련종(日蓮宗)[55] 마루야마 다츠죠(丸武龍正)입니다. 기성교단 쪽이 여러 움직임에 둔하다는 지적이 있는대로 확실히 그렇다고 생각합니다. 사회 문제에 대해서 결코 흥미, 관심을 가지고 있지 않다고 생각합니다. 예를 들면, 지금 인터넷, 홈페이지, 또는 전자메일이라는 스피드에 조직이 따라가지 못하는 것이 현실입니다.

아까부터 패널분이 '저 개인의 의견입니다'나 '종문을 대표해서가 아닙니다'라고 여러 전제를 두는 기분을 매우 잘 알 수 있습니다. 이것은 공식적으로 견해를 내려할 때 우리들 일련종의 경우라면, 국내 부장 등, 종무총장 이하 조직이 있습니다. 그 이상이 되는 경우에는, 년에 1회 종의회를 통과해야 하는 흐름 속에서 공식 발표를 해나가야 하는 현실입니다.

예를 들면, 인터넷을 통해 메일로 개인적인 질문, 또는 사회에 대한 질문이 올 경우에 즉석에서 답하고 싶으며 모두가 개인이었다면 실제로 답할 수 있을 것입니다. 그렇지만, 조직을 대표해서

55 니치렌(日蓮, 1222-1282)를 종조로 하는 교단. 중세말까지는 法華宗이라고 불렸지만, 천태종에서 이의를 제기했기 때문에, 천태법화종과 구별해서 日蓮法華宗이라고 칭하게 되었다. 현재는 특히 身延山 久遠寺를 총본산으로 하는 종파를 일련종이라고 칭한다.

답할 경우에는 조직이 그렇게 되어 있지 않습니다. 그러므로 일련종 쪽도 홈페이지는 열고 있으나 그 이상의 것은 하지 않고 방치해 두고 있습니다. 이런 것에 대응하기 위해서는 조직 만들기를 다시 한번 고려해야 하므로 지금 종문에서 검토중입니다.

마루야마 다츠죠씨

오늘은 이에 대한 참고라 생각하고 왔습니다. 단, 어렵다고 생각하는 것은 컴퓨터를 만드는 회사, 소프트도 하드도 만드는 회사 사람들조차도 자신들이 사용하기 위해서 내부 기구 개혁을 했다는 이야기를 들었습니다. 이제까지 부장들에게 종이로 제출했던 것을 메일이 아니면 접수할 수 없게 하기 위해서 컴퓨터를 만져 본 적도 없었던 40대·50대 사람들이 상당히 고생하였다는 이야기도 들었습니다. 언젠가 그런 시대가 이 쪽에도 오는 것이 아닌가하고 생각합니다. 이 부분을 해결해야만 일반 분들의 요망에도 응할 수 있으리라 생각합니다.

그리고 또 하나 비난하는 것에 대해서 일련종에서는 알고 계신 분도 많다고 생각합니다. 4개격언(四箇格言)[56] 따위로 다른 종교를

---

56 '시카카쿠겐'이라고 읽는다. 니치렌이 다른 종교는 邪宗이라고 비판하며 읊었던, '念仏無間·禅天魔·真言亡国·律国賊' 4구를 말함.

비판하는 것은 잘난 종파라고 생각하고 있습니다. 일련계 종교단체에서는 이 이미지가 상당히 있으나 최근에는 일련종 자체에서 공식적으로 말하는 것은 없습니다. 또 정치에 참견하지 말라고 해도 일련계 내에서는 역시 합니다.

기토우(紀藤) 앞서 말씀드렸듯이 인터넷 홈페이지는 대단히 염가에다가 즉각적으로 만들 수 있습니다. 그렇지만 기업은 그 즉각성을 잘 사용하여 홈페이지에서 반론할 수 있을 정도의 기구로 되어 있지 않아 반론하려고 해도 1주 정도 늦어집니다. 왜냐하면 이것은 일본 기업도 종교단체처럼 쌓아 올라가는 방식으로 항상 결재가 필요합니다. 인터넷 세계에서는 메일도 포함해서 즉시성이 요구되므로 즉각적인 대응을 취할 때 매우 곤란합니다. 인터넷 성격을 확실히 알고 있는 기업은 즉각적인 대응을 취할 수 있도록 기구개혁을 하고 있습니다.

인터넷상의 일은 부장 등을 통하지 않고, 곧 사장 결재라든가, 이런 것을 잘 하는 곳이 오히려 나은 것입니다. 그렇지만, 도시바(東芝)는 그러한 체제가 없어서 이번 일에 대해서 대단히 대응이 늦어졌던 것입니다. 이것은 이미 도시바 자체가 보수적인 기업으로 일본의 중후 장대한 사업에서 발전한 기업이라, 회사 자체가 체질적으로 매우 늦어져 있습니다. 회사의 체질을 바꾸기 위해서는 자신들이 바꾸려 생각해도 변하지 않는다, 행정에 대한 지도가 있다면 바꾸겠다고 도시바 사원들도 말하고 있습니다. 이렇듯 대기업일수록 즉각적인 대응이 매우 어려운 것입니다.

이것은 똑같이 종교 사이트에서도 적용되며 종교 사이트가 입상함과 동시에 고발 사이트도 입상하는 것입니다. 고발 사이트나 앞의 메일상담도 그렇습니다만, 기본적으로는 즉각성을 원합니다. 즉각성을 원하는데 그 때마다 어딘가에서 결재를 해야 한다면 끝이 없는 것입니다. 역시 어딘가에서는 인터넷 홈페이지를 입상하거나 인터넷을 운영하려고 생각하면 인터넷 운영 부문과 가장 높은 결재 부문을 어느 의미에서 직영회해야만 대응해갈 수 있는 시대로 나아갈 것이라고 생각합니다.

그러므로 비교적 소수 종교단체였다면 문제가 달리 없겠으나 상당히 큰 기존 종교단체라면, 인터넷 문제는 당연히 일본 기업처럼 기구개혁도 필요한 문제라고 생각합니다.

덧붙여, 카시오 등은 도시바 문제가 일어나기 전부터 트러블에 대해서는 즉각 대응으로 회사의 결재를 거치지 않고 회답하고 있습니다. 이러한 방식을 취해야만 대단한 것은 아니지만 메일에 의한 상담이 쉬울 것입니다.

정보 안의 존재

이시이(石井) 감사합니다. 아무래도 인터넷 사회라는 것을 상정하면, 종교단체는 부적절한 조직형태를 가지고 있어 눈앞이 캄캄해지는 듯한 기분이 듭니다. 그러나 한편에서는 이노우에 선생님처럼 종교계는 인터넷으로 새로운 도구를 획득한 것이라 말씀하시고 있어 조금 밝은 이야기 쪽으로 향할지도 모릅니다. 홈페이지를 보고 가깝게 느끼게 되는 것 자체는 틀림없다고 생각합니다. 이노우에 선생님, 그 메리트가 새로운 도구라고 말씀하신 곳을 다시 한번 요약해서 발전시켜 주실 수 있겠습니까?

이노우에(井上) 저는 새로운 도구를 얻어 새로운 포교의 단계에 달했다고, 그다지 그런 긍정적인 의미로 말씀드린 것은 아닙니다. 그런 것보다 오히려 사회 전체가 새로운 도구를 사용하는 것이 상식이 되어 가므로 종교 단체도 이것을 취해서 사회 정세에 뒤떨어지지 않도록 해야 한다는 오히려 그런 것입니다.

앞서 인터넷에서 사귀어서 결혼한 이야기를 했습니다. 처음에 우리들의 계기로서 어떤 정보에 액세스하는가 라는 점에서 점점 인터넷 비중이 높아지는 것은 틀림없는 일입니다. '종교와 사회'

학회[57]의 종교 의식조사 프로젝트와 국학원대학 일본문화연구소 종교교육 프로젝트[58]가 합동으로, 매년 하고 있는 학생조사가 있습니다. 금년(1999년)의 결과[59]를 보면, '나날의 뉴스를 무엇으로 보는가'라는 질문에서는 '텔레비전'이라는 답이 압도적으로 많아 83.4%였습니다. 또, '신문'이라는 답은 42.5%입니다. '인터넷'은 아직 3.4%입니다. 물론 이것은 복수회답입니다. 그러나 인터넷이라고 답하는 사람은 금후 급속하게 증가한다고 생각합니다.

일상적으로 인터넷을 사용하고 있는 사람, 특히 학내 랜이 정비되어 있는 곳은 학생이라도 비교적 장시간, 인터넷에 연결되어 있을 수 있어 뉴스를 가볍게 또 빈번하게 보는 사람도 많게 됩니다. 그러면 텔레비전보다는 더욱 많이 액세스하여 뉴스를 얻을 수 있다는 것이 되겠죠.

그런 수단이 급속하게 넓어져 가는 것은 주위에 있는 환경을 자신이 정비하는 수단으로서 인터넷 비중이 늘어간다는 것을 의미합니다. 전통적인 종교는 전통에 의존하고, 대교단이 되면, 소

---

57 1993년에 설립되었다. 종교와 사회에 관한 테마를 폭넓게 취급한 학회. 홈페이지는 다음과 같다.
http://www.oc.nacsis.ac.jp/jasrs/

58 이 프로젝트에서는 종교교육에 관한 다음 두 책이 간행되고 있다. 국학원대학 일본문화연구소 편, 『종교교육자료집』(すずき出版, 1993년), 국학원대학 일본문화연구소 편, 『종교와 교육』(弘文堂, 1997년).

59 1999년도 조사 결과는 『日韓학생 종교의식 조사보고』로서 간행되어 있다. 또, 1995~98년 결과도 같은 소책자의 형으로 간행되어 있다.

위 이 파워에 의해 자신의 존재를 나타내는 것이 됩니다. 다만, 이러한 정보 시대가 되면, 그 존재감의 근원으로서 '역사가 있다', '커다란 건물이 있다'는 것에 덧붙여, 제3의 것으로 '그곳에 정보가 있다'는 것이 나온다고 생각합니다.

정보가 '없다'면, 그 종교는 존재하지 않는 것과 같다는 것은 극론이나 가까운 미래에는 이와 같은 상태와 가까운 감성이 생겨날 가능성은 있습니다. 이런 변화를 종교측에서도 고려해야만 제3의 도구로써 뒤떨어지지 않는다는 것입니다. 즉, 천년 또는 그 이상 계속된 신사가 어느 정도 있는지 모릅니다. 다만, 그런 역사가 있는 이 심포지엄의 회장인 덴츠인(伝統院)[60]도 에도 시대 이전의 사찰입니다. 에도 시대부터 계속 이어온 사원이나 혹은 거대한 건물이 있어 신자들이 많이 오는 곳에서도 인터넷상에서 발하는 정보의 비중이 서서히 크게 됩니다. 원하든 원하지 않든 그것은 전반적인 상황이라 인터넷은 자신의 존재를 어필하는 새로운 도구라고 생각하지 않으면 제3번째를 잃어버리게 됩니다. 자세히 말하면 그런 의미인 것입니다.

그러므로 약간 심한 말로 하면, 인터넷 이용이 무언가 희망을

---

60 東京都文京区小石川에 소재하는 浄土宗의 사원. 1415년 창립된 増上寺 유서의 절이지만, 1602년 徳川家康의 생모(오다이노카타, 於大の方)의 菩提寺가 된 이후, 그 법명인 '伝統院'에 붙여 통칭이 된다. 에도 시대 장군가의 帰依가 두터웠다.

가져온다고 하기보다는 희망을 없애지 않기 위해서 생각해야하는 것이라고 기성 종교단체의 대부분에서는 오히려 그렇게 받아들여야 합니다. 이렇게는 말할 수 있으나 하는 방식에 따라서는 각각의 종교 활동이 이전과는 다른 레벨이 될지도 모릅니다. 표현이 그다지 좋지 않습니다만, 지금까지는 '낡아빠진' 인상을 주었던 것에서 '참신한' 인상의 것으로 새로 태어날 가능성도 있습니다. 건물을 다시 세워 이미지를 바꾸려 하면 대단한 비용이 듭니다. 역사를 바꾼다는 것은 우선 할 수 없습니다. 이에 대해 정보 미디어를 통해 발신하는 정보 내용은 비교적 간단히 바꿀 수 있습니다. 이런 의미인 것입니다.

이시이(石井) 대단히 매서운 미래상이 제시되었습니다. 다른 분은 어떻습니까?

기토우(紀藤) 카르트 문제를 취급하고 있어 의외로 신랄할 것이라고 생각될 지도 모르나 저는 이노우에씨보다 조금 더 희망적입니다. 아마도 제 쪽이 젊기 때문인지도 모릅니다. 인터넷 세대에 접하고 있어서라고 생각합니다. 특히 지금 젊은이들은 인터넷은 당연하고 홈페이지까지는 아직입니다만, 메일도 당연한 것입니다. 십만 원 정도의 메일 전용 도구인 포켓보트가 나온 것이 큰 영향을 주고 있습니다. 앞으로 수년 지나면 누구라도 홈페이지를 자신이 만들 정도로 매우 쉽게 될 시대가 올 것입니다.

문제는 그 전입니다. 인터넷이 등장해서 무엇이 필요 없게 되었는가 하면, 우선 백과사전입니다. 검색하면 모든 데이터는 나옵니다. 이러한 시대 때, 자신이 소속되어 있는 종교단체를 조금 조사하려고 검색해 보면 네거티브 정보로부터 포지티브 정보까지 전부 나오는 시대입니다. 자신이 소속되어 있는 종교단체가 어떠한 곳인가를 조사하는 것도 용이하고 이제부터 자신이 들어가려는 종교단체가 어떤 곳인가라는 조사도 용이합니다.

우선 먼저 정보 도구로서 인터넷이 있습니다. 처음에는 개인적인 대화가 전도의 계기였어도 자신이 전도된 곳이 어떤 곳인가를 한 번 조사해 보는 것이 인터넷 시대에는 있을 것입니다. 그러므로 인터넷을 보고 있지 않은 사람이 종교 단체에 참가한다고 말하는 것보다는 본 사람이 참가하는 것이 일반적이 된다고 저는 생각합니다.

이때 대화도구로서는 오히려 희망적인 느낌이 듭니다. 우선 하나는, 인터넷 홈페이지를 볼 때에는 구체적인 현장은 그렇다고 해도 적어도 매우 가깝게 느껴지는 것이 매우 많다고 생각합니다. 특히 종교 사이트 등을 보고 있으면, 경내라든가 언제 생겼다든가, 그런 것을 보고 있으면, 아아 가고 싶다라는 생각에 매우 친숙한 느낌이 들어 간 적이 없는 곳도 마치 간 적이 있는 듯한 느낌이 듭니다. 언젠가는 그런 곳에 가고 싶은 것입니다. 마치 역사 교과서에 쓰여 있는 절에 가보고 싶은 감각과 같은 것입니다.

인터넷 홈페이지에는 초기에 입상한 몇 개가 있습니다. 초기에 입상한 모 삿포로 교회라든가 모 하코다테 교회는, 역시 가보고 싶다는 느낌이 들더군요. 어딘가 알고 있기에 이런 감성을 잘 취하면, 저는 인터넷을 사용한 포교 같은 것을 매우 잘 해나갈 수 있다고 생각합니다. 인터넷의 위세를 모르는 방식을 취하고 있으면, 부정적인 정보가 먼저 들어와 버려 역으로 잘 나가지 않게 될 것입니다.

그러므로 이런 의미에서는 조금 미이너스면도 있습니다. 다민, 인터넷은 정보를 사람에게 주는 것이어서 원래 가지고 있었던 종교의 사명이나 종교가 사회 안에서 가지고 있는 역할 등을 생각하면, 오히려 인터넷은 종교에서는 대단히 천국 같은 곳이라고 저는 생각합니다.

인터넷상에서의 발언 감각

시타라(設樂) 앞서 종교측은 사회적인 여러 문제에 발언하지 않으며 이것이 종교단체의 문제라고 말씀하였습니다. 다소 그런 면도 있습니다. 저는 일본에서는 언어에 의한 대화환경의 미성숙함이라 할까 일본류의 어려움이란 면이 영향을 주고 있다고 느낍니다.

즉, 어느 상황 아래에서 자신이 의견을 말한다 해도 그 때 상대와 사회가 그것을 정당하게 받아들여줄지 어떨지. 왠지 말하지 않고 능숙하게 끝내 버리는 쪽이 무난하다고 생각하는 것입니다. 어딘가 적당히 애매하게 해 둡니다. 정치 세계를 보아도 매스컴 세계를 보아도 그런 언설로 넘치고 있습니다. 사물을 말할 때의 위험성을 모두가 피부로 느끼고 있습니다. 그렇지만, 이것은 세대가 젊어짐에 따라 변한다고 생각합니다. 인터넷을 사용한다는 것은 말하는 것을 강요하는 사회라고 생각합니다. 자신도 이 점에 대단히 불안을 느끼며 훈련하고 있습니다. 그러므로 인터넷에 익숙해진 세대가 올라온다는 것은 말을 표현하는 적어도 언어라든가 논리를 가지고 표현하는 힘이 있는 사람이 점점 증가해 간다는 것으로 저는 이에 대한 종교단체의 여러 발언도 완전히 변할 것이라고 생각합니다.

그러므로, 종교단체가 여러 일에 대해서 말하지 않는다는 것이 무언가 종교 고유의 문제인 것이냐 하면, 그렇게도 말할 수 없는 것이 아닌지. 시대의 몇 년 앞을 내다보면 의외로 슬슬 말하게 될 것이라고 생각합니다. 옴문제에 대해 저희들 쪽 잡지에서 '특별입법에 대해서 어떻게 생각하는가'라는 테마가 있었습니다. 젊은 사람들은 매우 확실하게 견해를 말합니다. 점점 그런 세대로 나아간다고 생각합니다.

마츠쿠마(松隈) 앞서 하코다테가 나왔습니다. 가톨릭 속에는 트라피스트가 있습니다. 이것은 엄률시트회[61]라고 하여, 관상수도회, 침묵을 지키는 수도회입니다. 여기에 홈페이지가 있습니다. 게다가 일찍 개설하였습니다. 수도원 내에서는 침묵을 하고 있으나 밖으로는 자신들의 일을 대담하게 나타내고 있습니다. 성서를 컴퓨터로 20수년래 처리하고 있는 세계적으로 유명한 성서학자가 있습니다. 이 분이 소속한 베네딕트회도 기본적으로 관상수도회입니다. 이런 것을 생각하면, 도대체 어디서 소리를 내고 도대체 어디서 침묵하고 있는지, '상식'이 다소 역선되어 오는 듯한 느낌입니다.

다시 하나만 간단히 덧붙입니다. 종교단체의 사회적인 대응입니다. 우리들 홈페이지의 공문서를 보시면, 서명한 사람의 이력이 다른 것이 눈에 띌 것입니다. 일본가톨릭사교협의회 전체에서 정

---

61 로마·가톨릭교회에 속하는 수도회의 하나. 그 중에서도 엄한 규율에 따랐던 것이 『엄률시트수도회(厳律シトー修道会)』(통칭 '트라피스트'). 시트 수도회의 역사는, 1098년 프랑스 부르고뉴지방 시트지에 창립된 수도원에서 비롯한다.

리한 의견을 낸다고 하면, 현시점에서 17명의 합의가 있습니다. 이것으로 안 될 때에는 그 안에 상주위원회라는 것이 있어 그 사람들의 이력으로 발표하고 있습니다. 이것도 맞지 않는다, 또는 다른 각도에서 발언할 필요가 있을 때에는 '정의와 평화협의회'라는 것이 있어 그곳 책임자의 서명이 나옵니다.

그러므로 문서를 낼 때에는 수속이 문제인 것입니다. 그러기에 서두를 때에는 다른 이력을 가진 사람이 낸다는 대응책으로 구분 사용하고 있는 것입니다.

이시이(石井) 감사합니다. 아직 이 점에 대해서 질문이라든가 의견이 있습니까. 좌중의 여러분들로부터 받은 질문 중에서 다른 종류의 질문이 있어 좋으시다면 그 쪽으로 옮기고 싶습니다. 몇 분으로부터 사람에 대한 질문을 받았습니다. 예를 들면, 구체적으로 도대체 누가 어떤 형태로 어떤 목적으로 보는 것인가 라는 질문, 그리고 진지한 고민이나 상담이 많다는 이야기인데 실제로 그러한지 라는 질문입니다. 이 문제에 대해서는 어찌 생각하시는지요.

좌중에 계시는 구로사키 히로유키(黑崎浩行)씨, 종합해서 질문을 쓰셨기에 자신이 설명하시면서 토론자로서 질문하시겠습니까?

일상과의 연속과 괴리

구로사키(黑崎) 국학원대학 일본문화연구소의 구로사키입니다. 잘 부탁드리겠습니다. 질문은 처음 토론자 분들이 발표 속에서 이미 몇 개 언급하고 있습니다만, 구체적으로 메일을 받는 사람에 대해서 어떠한 이미지를 가지고 계신가라는 것입니다.

감격했다는 반응이나, 진지한 고민을 메일로 보내 왔다는 이야기도 있었으나 제가 몇 개 종교 사이트를 개설하고 있는 운영자로부터 들으면, 장난기 어린 메일도 많은 듯합니다. 예를 들면, 신사의 사전(私殿)을 홈페이지에 게재해도, 주스를 마시면서 티셔츠를 입고 있는 녀석도 있다는 듯한 이야기입니다. 이에 대해서는 마츠오카씨 쪽에서 생활 속에 밀착한 종교의 행방이란 이야기 속에서 언급하셨습니다. 다만, 그것을 좀 부정적으로 이야기하면 일상생활의 연속 속에서의 인터넷 이용, 즉, 성화되어 있지 않은 환경 속에서 성스러운 것을 접하는 것은 어떠한 것인지, 라는 문제도 나올 듯합니다. 두 종류의 인간을 상정할 수 있다는 것입니다.

그러나 앞서 이노우에 선생님이나 기토우 선생님께서 인터넷 이용이 사회적

구로사키 히로유키씨

으로 상식화되는 시대가 도래한다고 이야기 하셨습니다. 현시점에서도 젊은 세대에게는 상식화된 셈으로 여러 사회문제가 일어나고 있습니다.

예를 들면, 닥터 그리코 사건[62]이란 것이 있었습니다. 그리고 넷 어딕션[63]이라 하여 인터넷상의 인간관계에 몰입하게 되어 현실생활이 파괴해 간다는 문제도 있었습니다. 이런 사회 상황에서 인터넷 속으로 종교정보를 발신해 갈 때, 어떠한 자세로 연결하면 좋은지, 라는 문제도 관련하는 것이라고 생각합니다. 이에 대해서 물어보고 싶습니다.

이시이(石井) 특히 어느 분인지 지명하시겠습니까? 마츠오카씨, 어떠세요? 처음에 홈페이지가 목적하는 바를 무료, 즐거움, 존경이라는 것을 말씀하셨는데 실제로는 상당히 상반된 것으로 어려울지도 모릅니다만, 지금 질문에 대한 답을 하실 수 있겠습니까?

---

62 '닥터 그리코(ドクターキリコ)'를 이름한 草壁란 20대 후반 남성이 인터넷상에서 자살희망자에게 청산가리가 들은 캡슐을 보내고 자살자가 나왔기 때문에, 본인도 1998년 12월에 자살하였다는 사건. 게다가 닥터 그리코라는 것은, 手塚治虫의 만화 『블랙잭』에 등장하는 인물(나을 조짐이 없어 심한 고통을 호소하는 환자를 안락사시킨 의사)에서 취했다고 한다.

63 net addiction : 넷 중독을 말함. 인터넷에 열중하여 여러 가지 장애가 나오는 현상을 이렇게 부르고 있다. 예를 들면 일을 소홀히 하게 된다, 실제의 인간과 교류할 수 없게 된다, 눈이 희미해지거나 어깨가 결리고, 두통 등의 육체적 증상이 현저하게 된다는 현상이다.

마츠오카(松岡) 일상생활에 밀착하고 있는 점에서 하나의 예로서 들고 싶은 것은, 일상적으로 신사에 참배하러 오신 분 중에 상복 그대로 신전에 나아가 참배하시는 상당히 연배인 분이 계시거나 합니다. 이것은 또 다른 문제로 발전합니다만, 죽음을 '더러움', '부정한 것'이라 해석하는 것이나 신도에서는 반드시 그렇지는 않습니다. 기가 말라 버린다, 슬픔으로 기분이 막혀버린다는 '기마름'이 변하여 '더러움'이 되었다는 해석도 있습니다.

다만, 우리들 신도를 믿는 사람으로서는, 만전을 기한 상태가 아닌 몸으로 신 앞에 나아가는 것은 좋지 않다는 데서 상에 임하거나 하면 사양합니다. 이것은 옛날부터 할아버지, 할머니, 부모에게서 아이에게로 점차적으로 전해 가야할 만한 가르침이라 해도 좋겠죠, 생활 속에 전해져 오는 문화였던 것이 더 이상 연장자 쪽에서도 지켜지지 않는 이미 그러한 상태가 되어버렸습니다.

자수 주위 분에게 듣습니다. '수신(修身)'[64] 시간이 없어졌다, '교육칙어'[65]도 없어졌다, 창가 중에 신사에 대한 노래도 없어졌

---

64 제2차대전 전 소·중학교 등에서 가르친 교과의 하나. 교육칙어에 근거하며 국민도덕의 실천 지도를 목적으로 하고 있다. 1872년 공포의 「学制」하에서 사용된 초기 수신교과서는 구미의 번역서가 중심이었지만, 마침내 유교주의에 입각한 것이 주류가 되었다. 교육칙어 이후는 엄한 검정제도가 생기고 1904년부터는 국정수신서가 사용되게 되었다. 1945년, 연합국최고사령부의 지시로 회수·파기되었다.

65 정식으로는 「교육에 관한 칙어」. 1890년에 발포 명치천황의 칙어로서 나온 것으로 전전 교육에 대한 기본방침이 나타나 있다. 발포 후, 문부성

다, 점점 생활에서 신사라는 것이 사라져 가는 상황을 신사로서 어떻게 생각하냐는 질문을 자주 하시는 분이 있습니다. 이것은 그것이야말로 나라를 저버리는 일이니 그만 둬 주세요라고 개인이 소리를 높여도 어찌되는 것은 아닙니다. 이런 의미에서는 인터넷을 하나의 수단으로써 이용하는 것이라 생각합니다. 앞서 도구라는 말도 있었습니다만, 다시 반복해서 설명할 필요가 있습니다. 지금은 대게 가마가 있는 곳에 축제가 있다고 생각할 수 있습니다. 옛날에는 '양의 축제', '음의 축제'라는 표현이 있었습니다만, 지금은 이런 것을 모릅니다. 전화로 '아, 금년은 가마는 나오지 않습니까, 그럼 축제는 없군요'라고 조회하시기도 합니다. 여러분들이 축제를 대부분 이벤트라고 생각하고 말씀하십니다.

그럴 때, 전화로써 '그렇지 않고 대축제가 있습니다'라며 축제 본래의 의미를 설명할 시간은 없습니다. 그러나 홈페이지에서라면 이러한 것을 할 수 있습니다. 물론 즐겁게 봐야하므로 가마의 설명이나 그림도 실립니다. 일전에는 대축제 특집을 해 보거나 했습니다. 그러는 중에 저희들이 전해 가야할 신도적 의미를 반드시 덧붙이도록 노력하고 있습니다.

의 손으로 등본이 만들어져 전국의 학교에 배포되어 학교의식 때 등에 봉독되었다. 忠君愛国, 부모에의 효행 등이 국민도덕(「皇祖皇宗ノ遺訓」)으로서 강조되었다. 1948년에 폐지되었다.

이것을, 형을 바꾸고 각도를 바꾸어 몇 번이나 내는 것으로써 눈에 접하는 횟수가 늘어갈 때 모든 분의 이해도 깊어져 간다고 생각합니다. 이 적정선이 매우 어렵다고는 생각합니다. 즐겁지 않으면 여러분이 방문해도 일과적인 것으로 끝나 버립니다. 그렇다고 즐거우면 무엇이나 다 좋은가 하면 그렇지도 않습니다. 제비는 본래, 신사에서 뽑는 것으로 게임 감각으로 하는 것은 이상하다고 말해지고도 있습니다.

그렇지만, 지금은 점과 제비가 붐이고 고교생이 제비 사이트를 가지고 있기도 합니다. 저희들로서는 종교적인 것에 전혀 관여하지 않는 사람들이 재미삼아 게임감각으로 만드는 것보다도 '본래 이러한 것이었어요'라고, 예를 들어 신사에 가서, 신에게 참배를 하고 신탁을 받는다는 것도 이상하지만, '제비를 뽑으면 여러분과 신의 기가 연결될 수 있을 거예요'라는 정도의 이야기입니다.

시간을 두고 얼굴을 마주히며 이야기할 기회는 그다지 없고 더구나 우지코나 신자가 아닌 분과 만나 이야기할 기회는 없기 때문에 이러한 의미에서는 홈페이지를 사용하여, 종교뿐만이 아닌 이렇게 이야기하면 또 외국 분들에게 야단을 맞습니다만, 일본인이 태어나 지니고 온 생활풍습 같은 문화적인 측면도 포함해서 남기는 의미도 있어 앞으로 홈페이지는 중요한 것이라고 생각합니다.

이시이(石井) 그렇다면 홈페이지도 부분적으로는 젊은 여고생을 염두에 두고 만든 것도 있다는 것이군요.

마츠오카(松岡) 그렇죠. 그래서 젊은 사람이 보고 '저 곳은 재밌어요', '유익해요'라고 하면, 이에 부가하여 여고생들이 즐겁게 보고 그것을 집에서 어머니에게 이야기하면 점점 세대가 넓혀지는 효과가 있다고 생각합니다.

인터넷에 대한 의존

이시이(石井) 구로사키씨가 말씀하시고 싶었던 것의 하나는, 대상뿐만이 아니라 인터넷상에서 보이는 정보자체에 '성성(聖性)'이 있어 이것이 가정에서 볼 경우에는 어디까지나 일상의 연장으로써 보여져 여기에 문제가 있다고 말씀하시고 싶었던 것입니까? 그러므로 버추얼 참배나 혹은 아미타불[66]이 나와서 합장을 구하는 메시지가 흘러나오는 것 자체에서 보는 측의 종교성도 변해 갈 수 있다는 의미도 포함한다는 것인가요?

---

66 阿弥陀仏, 阿弥陀如来, 또 생략해서 弥陀라고도 한다. 대승불교에서 가장 중요한 부처의 하나. 산스크리트에서는, 무한한 수명을 가진 부처(無量壽), 및 무한의 광명을 가진 부처(無量光)라는 두 개의 말이 있지만, 중국에서는 어느 것도 아미타라고 음역되었다. 이 부처 신앙을 중심으로 해서 성립한 것이 浄土教이다.

구로사키(黑崎) 아까 마츠오카씨가 말씀하신 것에서 특히 전통종교의 경우, 일상생활에서 괴리해 가는 전통종교에 관한 정보를 다시 한번 돌이켜보아 되돌릴 수 있는 기회라는 이야기는 알 수 있었습니다. 그러나 다시 한번, 아까 이시이씨가 일상생활 속에 신성한 것이 들어온다는 것이 문제라고 말씀하셨습니다. 이러한 의미가 아니라 이용자가 이것을 진지하게 받아들이는 사람과 가볍게 취미, 오락의 연장으로서 받아들이는 사람의 두 종류가 있다고 생각합니다.

다만, 이것은 보다 깊은 사회인식의 문제로 들어가는 것이겠죠. 이러한 바탕에서 생각해 보면 이용자에 대한 무언가 통일적인 상이 나올 것이라는 것입니다. 그것이 조금 전 다소 당돌했을지 모릅니다만, 닥터 그리코 사건이나 넷 어딕션이란 문제와 관계되는 것은 아닐지요. 즉, 인터넷이 정보를 수집하거나 정보 교환하는 도구로서 상식화해간다는 것을 말합니다.

이것이 역으로 인터넷에 의존하는 것으로써 현실적인 사회 생활이나 실제적인 종교적 체험을 등한시한다는, 혹은 역으로 그것을 가벼운 것으로 취급해버리는 경향에 대해서 구체적으로 어떻게 답해 갈 수 있는 비전이 있을까 라는 것을 물어보고 싶었던 것입니다.

이시이(石井) 그것은 대단히 어려운 문제입니다. 어느 분도 기본적으로는 입상해서 긴 기간이 지나지 않아서……. 발언하시고자 하는 분 계십니까?

고바야시(小林) 인터넷상에서 종교체험을 도출하는 것에 대해 생각지 않았다면 이상하다고 할지 모르나 저는 그것까지는 생각할 필요가 없다고 생각합니다. 그것은 종교교단측의 승려 입장에서의 의견이나 가르침의 일부를 전해 간다는 어디까지나 수단의 하나로써로, 실제로 수신자측에게 종교적 체험을 완성시키겠다는 것까지는 생각지 않기 때문입니다. 이런 것은 사원 등의 종교시설에 직접 와서 사람과 사람의 연결로써 성립하는 것입니다. 인터넷은 그곳에 도달하기 위한 하나의 수단이라고 생각합니다.

그러므로 실제로 홈페이지상에서는 절의 활동이나 승려 개개인의 활동을 될 수 있는 한 소개하는 형태로 가려고 생각합니다.

그리고 수신자가 인터넷 앞에서 정좌해 주길 바라거나 기대도 하지 않습니다. 어떤 상태에서 보든 이 쪽의 의지, 의도가 전해지면 술을 마시면서 봐도 상관없다고 생각합니다.

그리고 어떤 사람들이 받아들이는 수신자인지는 실제로 모릅니다. 그렇지만, 장난기 어린 메일에 대해서는 특히 정토진종(浄土真宗) 페이지에는 반드시 방문하는 단체가 있습니다. 그 사람들은 처음에는 진지한 질문을 하므로 잘 모르나 대응해 가는 중에 '아, 또 그것인가' 하고 알게 됩니다. 이런 메일은 아무래도 상대를 해야만 하는 것입니다. 또 처음에는 반응이 직접적으로 곧바로 돌아오지 않아서 동료들만 보고 있는 것이라고 걱정도 합니다. 그러나 실제로 받은 메일은 같은 입장의 승려가 보내는 내용이 아니므로 승려 이외의 분들도 많이 방문해 주시는 것은 확실합니다.

평안의 상징

시타라(設樂) 구로사키씨의 문제제기는 저도 처음에 말씀드렸지만, 실은 가장 큰 문제라고 생각합니다. 어느 종교에서도 존경하는 대상이 있습니다. 그 대상은 형태만이 아니라 행위나 이념이기도 하고 이런 것들을 전부 포함해 존귀함을 상징하는 대상물이나 장이란 것이 있습니다. 존경심이 그 대상에게 던져지는 시선의 높이를 결정하는 것입니다. 자기 자신 속에 있는 성스러운 것으로 향하는 힘이 강할수록 신앙은 깊어지고 향상도 해 갑니다. 반면에 그것이 낮아져 가면 역시 신앙이 도달점에 한계를 만드는 것이 된다고 생각합니다.

대단히 비근한 예입니다만, 저희들끼리는 대청소를 한 해에 몇 번 합니다. 부처님 상등에는 황색 헝겊이나 하토론 종이를 씌워 먼지가 덮이지 않도록 배려합니다. 그렇지만, 시설 내에 불상이 증가하면, 이쪽도 저쪽도 라는 식이라서 어떤 분이 하토론 종이가 아까우니 뒤에 먼지를 털어 내는 것으로 좋지 않겠냐는 이야기를 하셨습니다. 그러나 이것은 끝에 깨끗이 하면 좋으냐는 문제가 아니고 소중한 것에 먼지가 덮이는 것이므로 이것으로 좋은가라는 문제인 것입니다.

그러므로, 입교하는 하나의 동기나 도입의 구실로서 무언가 기도하는 감정으로 이끈다는 것은 이런 도구 안에서도 할 수 있다고는 생각합니다. 단, 그곳에서 무엇을 보이고, 하게 하는가라는 것이 매우 결정적인 것일지도 모릅니다. 예를 들어 저희들은 본존은 본부에서 보이는 날이 정해져 있습니다. 어느 의미에서 이것이 그 본존에 대한 존귀함을 상징하는 셈입니다. 이것이 알기 쉽다고 해서 '예, 신뇨엔이예요'라며 팍 하고 드러낸다면 어찌 될까, 스스로도 갈등하고 있습니다.

반면에 이것을 전혀 보이지 않는다면, 숨기고 있는 듯해 무언가 매우 폐쇄적이라고도 여겨질지 모릅니다. 그렇다 해서 열반존상(涅槃尊像)[67] 형상에 이상한 코라쥬를 하거나 하면 여러분이 보면서 생각지도 않은 곳에 신경을 쓰고 있다고도 생각할지 모릅니다……. 그렇지만, 저는 이 도구에 의존하고 있으면 어떤 종류의 감각의 변용은 절대로 생겨난다고 생각합니다. 이런 와중에서 그 감각을 전제로 한 세대라는 것을 어떤 식으로 취해서 종교적인 확신을 갖고 반듯하고 틀림없는 방향으로 나아갈 수 있을지는 역시 항상 자신들이 주의 깊게 봐 가야 한다고 생각합니다.

마츠쿠마(松隈) 잠시 어긋날지 모르나 저 개인은 성스러운 것을 어찌 해석할지 라는 문제는 실생활에 매우 밀착해 있는 것이라고 생각합니다. 여기서 성서를 인용할 생각은 없습니다만, 성서를 보면 예수는 당시 차별받고 있는 사람들, 예를 들어 중한 피부병을 앓고 있는 사람의 곳으로 갑니다.[68] 당시 그들은 사회로부터 소외된 존재였던 것입니다. 예수는 그곳에 가서 무엇을 하는가 하면 그들을 만집니다. 그리고 또, 죄인이라 생각하고 있던 세리에게 가서 함께 식사를 합니다. 이와 같이 실생활에 밀착하고 있는 것입니다. 그러므로 성스러운 것이라고 생각할 때 너무 어깨를 펴지 않아도 좋은 것이 아닌가라는 것입니다. 이것이 하나입니다.

다시 하나는, 지금 이야기를 듣고 생각한 것입니다만, 홈페이지를 연다는 것은 하나의 간판과 같은 것으로 낙엽이 부는 밤에 빨

---

67 석가가 임종을 맞이할 때(열반)의 모습('頭北面西', 즉 머리를 북쪽으로 향하고 얼굴을 서쪽으로 향한 모습으로써 알려진다)을 상으로 새겨 숭경의 대상으로 한 것.
68 신약성서 「누가복음서」 17, 「마르코복음서」 1을 참조.

강 초롱불이 걸려 있다면 '잠시 따뜻하게 하고 갈까' 라며 들어가지 않습니까? 빨강 초롱불이 없다면 가지 않겠죠. 파랑 초롱불이 걸려 있다면 역시 들어가지 않겠죠. 갈지도 모릅니다만. 그런 하나의 사이트인 것입니다. 안에 들어가 닭꼬치라도 먹으며 퍼붓듯 마시고 그곳 마담과 이야기하며 무언가 평안을 구할 수 있는 듯한 하나의 간판으로 좋은 것이라고 생각합니다.

여러 메일에서 감동받았다고 여러분이 말씀하고 있고, 실은 저도 그렇습니다만, 두 개만 소개합니다.

하나는 스리랑카 여성입니다. 일본에서 불법체재로 임신하고 있었습니다. 아이가 이제 막 태어나려는 순간까지 일하고 있었는데 공장기계에 그만 발이 껴서 잘려 버렸습니다. 짧은 영어로 '의료비가 없다. 아이도 태어난다, 어떻게든 도와줘'라는 메일이 왔습니다. 저는 그렇게도 영어를 잘하지는 못하지만, 그것을 보고 역시 어떻게든 하려고 생각했습니다. 어쨌든 답장으로 주소가 어딘가 하고 묻고 가까이에 있는 수녀님에게 가보게 하여 병원까지 데리고 가 무사히 출산하게 되었습니다. 1개월 후 '감사합니다'라는 답장이 왔습니다. 이 때 이러한 일을 해서 좋았다고 생각했습니다.

또 하나는 미국에서 온 것으로 일본인은 아니나 '모 신부님은 지금 어디에 계십니까'라는 메일입니다. 무슨 일인가 하고 묻자,

아버지·어머니가 야마구치현(山口県) 이와쿠니시(岩国市)의 미군기지에서 일하고 계실 때 그 결혼식 주례를 맡은 신부를 찾고 있었습니다. '요번에 일본에 가므로 만나고 싶다'는 것입니다. 제가 찾아보니 그 신부님은 이미 돌아가셨습니다. '안타깝게도 돌아가셨습니다.'라고 답을 내자 '애석하지만 그렇다면 묘는 어디냐'고 답장이 왔습니다. 조사해서 그들에게 알려주니 묘를 참배하러 왔고 귀국 후에는 '가 보고 왔습니다. 감사합니다'라는 메일이 와, 홈페이지를 개설해서 다행이었다고 생각하며, 야후에도 매우 감사하고 있습니다.

'(여기에 물으면) 뭔가 해결되는 것이 아닐까'라는 희망을 가지고 찾는 사람들이 있습니다. 홈페이지가 거친 파도의 등대라고 할 수 있을지요. 북두칠성이라 할지요, 또는 초롱불이 될지는 별도로써 무엇이어도 좋지 않을까 생각합니다.

이시이(石井) 감사합니다. 예정 시간을 지나 슬슬 연장의 한계에 다가갑니다. 가능한 한 다시 한 번 좌중의 의견을 듣고 싶습니다만, 시간이 안 되겠네요 받은 질문을 전부 다룰 수 없었으나 답변 중에 상낭히는 해소할 수 있었다고 생각합니다. 마지막으로 다시 한 말씀하시고 싶은 패널 분이 계시면 그것으로 끝내고 싶다고 생각합니다.

다시 묻게 되는 성성(聖性)

이노우에(井上) 이 '성성(聖性)' 문제는 굉장한 테마로써 원래는 더욱 의론에 시간을 허비해도 좋을 것이라고 생각합니다. 확실히 누워서 무언가를 먹으면서 성스러운 사이트를 들여다본다는 것은 있을 수 있습니다. 비슷한 꼴은 텔레비전을 볼 경우도, 책을 읽을 경우도 일어날 수 있습니다. 좋은 이야기가 아닙니다만, 어쩌면 성서를 화장실에서 읽는 사람도 있을지 모르는 것으로 그런 상황 자체는 인터넷이라고 하여 그다지 문제가 되는 것은 아니라고 생각합니다.

오히려 중요한 것은 이러한 시대이기에 '성성'이란 무엇인가, 라는 것이 역으로 종교에 관련된 것이라는 것입니다. 어떠한 견해이든 역시 이 종교는 무언가 참된 것을 전하려는 듯하다, 그것이 초롱불인지 무언지는 잘 모르나 그런 것이 없으면 결국 팸플릿 대용일 것입니다.

그리고 어떻게 사용되는가 라는 것은 완전히 교단측의 자유로, 팸플릿으로도 좋고 또 메일이 많이 와서 그것으로 좋다면 좋을 것이고, 또는 허세이든 무엇이든 턱하니 훌륭한 것으로 한번이라도 봐주라고 한다면 그것으로도 좋다고 생각합니다. 그렇지만 특별히 종교의 참된 '성성'이 무엇인가라는 것이 되면 이는 간단한 문제가 아닌 듯 합니다. 여기에서 말하고 싶은 것은 앞서 이야기로 돌아갑니다. 반듯한 신사가 있는 곳, 예를 들면 이세(伊勢) 등은 '와서 보십시오, 자못 엄숙하죠'라고 실제의 신사나 그 주위 경관의 장엄함으로 승부할 수 있을 것입니다.

그리고 또 종교 시설의 크기나 동원할 인간의 크기이기도 하여 이만큼 우리들은 대단한 파워가 있다는 형태를 보이는 경우도 있습니다. 즉 다른 곳과는 다르다는 성성의 근원을 나타내는 재료가 있다는 것입니다. 그렇지만, 인터넷상에서는 이제 여러 정보가 마구 섞여 있습니다. 사람에 따라서는 성인 사이트를 본 뒤에 종교 사이트를 보는 사람도 있을지 모릅니다. 이런 조건 속에서 종교 단체 사이트가 있나면 그럼 종교란 무엇인가, 본래의 '성성'을 나타낸다는 것은 무엇인가, 종교적인 메시지가 불과 몇 분 안 되는 사이에 발하는 것인가. 이것이 실제로 제기되는 문제로써 앞으로 중요한 문제가 된다고 생각합니다.

지금은 오히려 어떤 겉모양으로 할 것인가 라는 테크닉의 이야기가 주체라고 생각합니다만, 성지나 본부 건물이라는 장치에 대해서는 역사적인 곳이 있어 어떤 것이 장엄한지 노하우가 있을 것입니다. 이벤트에 관해서도, 저는 어느 정도 있다고 생각합니다. 의식에 대한 인프라는 있다고 생각합니다. 그렇지만, 이런 인터넷상에서 내밀 것이 무엇인가는 그야말로 이제 막 시작한 것으로 필경 종교단체에서는 가장 큰 문제는 이것일 것이라고 나홀로 생각합니다.

이시이(石井) 4시간 이상 장시간에 걸친 심포지엄 매우 감사합니다. 실제로는 지금 인터넷 사회가 도래해 오고 있는 참으로 반드시 인터넷이 각 가정에 보급한 것도 아니고, 작은 아이들로부터 연배분까지 사용하고 있는 것도 아닙니다. 그러나 토론자 분들이 말씀하시고 있듯이 이제 목전까지 이러한 상황이 보이고 있는 것입니다. 그 중에서 오늘 논한 것, 논하기 어려웠던 것이 최근 현실적인 문제가 될 것이라고 생각합니다.

이런 의미에서 오늘 심포지엄은 대단히 의의 있는 것이라고 개인적으로 생각합니다. 매우 감사합니다.

제 2 장 __ 인터넷의 함정

나가사키 기요노리(永崎研宣)

1. 편리한 반면

인터넷은 극히 편리하나 그 반면 함정도 적지 않다. 종교 관련 사이트를 작성하거나 열람하거나 할 때도 그 함정에는 충분히 주의를 기울일 필요가 있다. 이러한 관점에서 기본적인 주의점을 이하에서 서술하고 싶다.

인터넷이 이제까지의 미디어와 커다란 차이의 하나는 누구라도 쉽게 정보를 발신할 수 있다는 것으로 이는 정보를 발신하는 측에서도 그것을 이용하는 측에서도 큰 메리트가 된다. 즉, 익명(이것은 엄밀히는 그렇지 않으나 이에 대해서는 후술한다)에 가까운 형으로의 정보 발신이나 수집이 가능하며 이에 시간적 공간적인 제약이 거의 존재하지 않아서 직접적으로 지향하는 정보에 접속할 수 있는 것이다.

특히 이러한 특성을 살리는 것으로 이제까지의 현실 세계에서는 있을 수 없었던 형태의 연계나 연대조차 가능하게 되었다. 이들 메리트는 이미 여러 형태로 현실적인 것이 되고 있다. 예를 들면 한신(阪神) 아와지(淡路) 대지진과 같은 화재시 인터넷을 이용한 정보제공이 있었다. 또, Linux에 대표되는 프리 소프트웨어 개발에 관해서 세계 규모에서의 볼런티어 집결이란 것이 가능하게 되었다. WWW(World Wide Web)을 이용하는 것으로 각종 상거래에 수반하는 물리적인 제약을 넘어서 여러 형태로의 편리성을 향상시킬 수도 있다.

더욱이 지역 커뮤니티의 활성화 등도 가능하다. 또 종래라면 같은 생각·목적을 가지고 있으면서 각각 활동하고 있었던 개인·소집단을 하나의 힘으로 종합해 갈 수 있게 된 것도 인터넷에서의 일이다. 또는 여러 기간·단체가 공식적인 견해를 발표하기 위해서 WWW를 이용하고 있다. 인터넷은 이제 우리들 생활 속으로 들어오고 있다고 해도 과언이 아니다.

그러나 인터넷에 의해 초래하는 이 혁신적인 상황은 제공된 정보를 이용하는 측, 즉, 정보이용자의 입장에서 생각해 본 경우에 완전히 틀린 일종의 위험이라 해도 좋은 양상을 보이는 것이 된다. 이에 대해 몇 개의 시점에서 생각해 보고 싶다.

2. 정보에 대한 판단

정보 이용자측에서 본다면 인터넷에서 모든 종류의 정보에 대해 기술적으로는 완전히 병렬하여 어떤 편중도 없이 직접적으로 액세스할 수 있다는 것은, 즉, 정보 이용자는 이들 정보에 대해 스스로의 책임으로 모든 판단을 내려야한다는 것이 된다.

이것은 goo나 infoseek라는 전문 검색 엔진(홈페이지 전문을 대상으로 검색을 실행하는 것)을 이용해 볼 때 단적으로 나타난다. 검색어를 입력해 얻을 수 있는 것은 전문 검색 결과의 리스트, 이곳에 리스트되어 있는 것은 파일의 어딘가에 검색어를 포함하고 있다는 조건으로 나온 것으로 서로에게는 관련성이 없는 대량 정보원이다. 그리고 이들 정보원의 링크를 클릭할 때 열람할 수 있는 것은 그 정보가 본래 제공될만한 문맥에서 완전히 떠난 단편적인 정보에 지나지 않는 것이 많이 있다. 이에 포함된 것은 그야말로 모든 종류의 정보이며 그 신뢰성도 여러 가지이다. 의도적인 허위 정보로부터 단순한 미스까지 여러 종류의 정보가 한데 엉키어 리스트되어 버리는 것이다.

그럼, 그 정보가 제공될 만한 문맥을 바로 이해한 뒤에 정보를 판단하면 좋을까라고 하면 반드시 그렇지도 않다. 요즈음 증가하고 있는 인터넷을 개재로 한 개인 매매의 사기사건에서 단적으로 보이듯 열람자에 대해 의도적으로 허위 정보를 제공하려는 경우도 있다. 이 배경에는 인터넷 정보발신이 가진 '익명성'도 관계하고 있다.

JOIN THE CREW PENPAL GREETING에 대표되는 데마윌스 정보도 이 안에 들어갈 것이다. 이 곳에서는 '모든 유저에 대한 경고입니다'나 '이 문서를 될 수 있는 한 많은 사람에게 보내주십시오'라는 표현을 사용하면서 여러 악질적인 헛 정보를 메일로 흘린다. 데마윌스 정보는 사람의 선의를 기회로 파고드는 악질적인 악희이다. 믿어 버린 사람이 이쪽저쪽에 정보를 흘려 쓸데없이 네트워크의 트래픽(정보 교통량)을 늘려버리는 것 등이 아직 산발하고 있다. 이런 의심스러운 정보를 아주 쉽게 제공해 버릴 수 있는 것 또한 인터넷의 특성이다.

또, go.jp(정부기관) 등의 현실세계에서도 신뢰할 수 있는 기관의 웹사이트나 메일에 의한 정보라면 전면적으로 신뢰할 수 있을까라고 하면, 이것 또한 반드시 그렇지는 않다. 인터넷상의 사이트는 매우 낮은 확률이나 언제나 부정 액세스에 의한 탈취의 위험에 늘 처해 있고 신뢰할 수 있는 기관의 웹사이트조차도 금년(2000년) 봄, 관청에서 홈페이지 대체 사건이 빈발한 것처럼 정보의 정확성을 완전히 보증할 수 있는 것은 아니다.

관청 홈페이지가 일본인에 의한 남경학살 부정에 항의한다는 내용으로 대체되고 있다면, 그것이라고 곧 알 수 있지만, 매우 교묘하고 의도적인 정보의 대체가 눈치 채지 않게 방치된다는 것도 있다.

또, 메일에 대해서도 전자 메일은 제출인을 사칭하는 것이 비교적 용이하며 신뢰할 수 있는 기관을 이름하는 허위정보가 흐르는 것도 있다. 이러한 상황에 대응해 가기 위해 전자 서명이라는 기술적인 해결책도 일단 존재는 하지만 최종적으로는 정보의 진위를 확인할 수 있는 수단이 인터넷 내에서 완결된 것으로서는 제공되지 않는다고 생각하는 쪽이 좋을 것이다. 이러한 것은 실제로 인쇄매체 등의 세계에서도 추궁해보면 그다지 차가 없다고 할 수 있고, 인쇄매체의 세계에서처럼 이상하나고 생각하는 정보는 별도의 수단을 이용해 확인해 볼 필요가 있다고 생각한다.

3. 소프트웨어의 '구멍'

인터넷의 정보 이용자에게는 정보의 신뢰성 이외에, 또 하나의 중요한 문제가 있다. 그것은 정보를 이용하기 위해서 사용하고 있는 소프트웨어의 문제이다. 모든 소프트웨어에는 면책조항이 있다. 대부분의 경우, 이용자는 소프트웨어 제작자(메이커, 개발 커뮤니티 등)에게는 소프트웨어 이용에서 생긴 손해에 관한 책임이 없다는 것에 동의한 뒤에 소프트웨어를 이용하게 되어 있다.

인터넷을 이용하는 경우 대개의 사람은, 인터넷 익스플로러나 넷스케이프 커뮤니케이터를 이용한다. 이들은 종합적인 인터넷 클라이언트 소프트라고도 할만한 웹 브라우저이지만, 물론 이들에 대해서도 지금 말한 것은 예외가 아니다. 이들 소프트웨어는 어느 쪽도 인터넷을 편리하게 이용할 수 있도록 추구하는 것이나 편리함을 추구한 나머지 시큐리티상의 문제가 생기기 쉽다는 상황이다.

컴퓨터 소프트웨어로는 정도의 차는 있으나 반드시 백이 존재한다. 그것이 인터넷을 이용한 것이라면 외부와의 수수에 있어 의도되지 않는 비밀상의 문제, 즉, 시큐리티 홀이 되어 버릴 수 있다. 즉 방어벽에 구멍이 뚫려 있는 것이다. 이것은 프로그램을 이용해 가는 중에 발견된 것으로 당연한 일이면서 '시큐리티 홀이 발견된 소프트웨어'를 가지고 있는 사람의 소프트웨어는, 시큐리티 홀이 존재한 채로 무엇인가 대처(이것은 통상, 소프트웨어 제작자가 배포할 수정 프로그램을 적용한 것에 의해서 행해진다)를 하지 않는 한, 늘 위험에 처한 상태가 된다.

인터넷에 있어 시큐리티 홀이 발견된 경우, 때때로 그 존재가 공표됨과 동시에 시큐리티 대책용 수정프로그램이 배포된다. 따라서 이 시점에서 수정 프로그램을 입수하여 대책하지 않는 한, 위험하다고 알면서도 그대로 계속 사용하게 된다. 앞에 든 대표적인 두 개의 웹브라우저 시큐리티 홀에 대해서는 다 열거할 수 없지만 그 중에서도 좀 놀랄만한 예에 대해서 하나만 소개한다.

인터넷 익스플로러의 구판에서는 웹페이지를 열람하는 것만으로도 컴퓨터의 프로그램을 기동한다는 편리함이 있지만, 이것은 동시에 시큐리티 홀로서도 기능하는 것이다. 이러한 것은 집에 있는 컴퓨터의 하드디스크를 완전히 소거하는 것조차 가능하게 된다. 이것은 필자 스스로도 실제로 체험해 보았다. 더욱이 현재 인터넷 익스플로러에서는 이 문제는 일단 해결되고 있다.

또, 시큐리티 대책을 하기 전에 시큐리티 홀 존재가 공표된 적도 있다. 소프트웨어 제삭사(메이커, 개발커뮤니티 등)의 시규리티 대책이 늦는 경우나 너무 위험한 상황의 경우에 이러한 일이 일어나는 경우가 있다. 최근 예로는, 인터넷 익스플로러의 Java Virtual Machine에서 발견된 시큐리디 홀이다. 이떤 비젼의 인터넷 익스플로러에서는 하드디스크의 내용이 모두 밖에서 열람할 수 있게 되는 시큐리티 홀이 발견되었다.

이러한 케이스의 경우, 해당하는 기능을 사용하지 못하도록 소프트웨어 제작자가 수정 프로그램을 발행해 주는 것을 기다릴 수밖에 없다(이 시큐리티 홀에 대해서는, 현재는 마이크로소프트에 의해서 수정 프로그램이 발행되고 있다).

이처럼, 소프트웨어 이용에는 늘 시큐리티 홀이란 문제가 뒤따라오지만, 앞에서 말한 바처럼 이 종류의 문제에 대해서 소프트웨어 제작자는 어떤 책임도 지는 일은 없다. 이용자가 자기 책임으로 수정 프로그램을 입수해 적용시켜야 하는 것이다. 따라서 적어도 자기가 사용하고 있는 소프트웨어 제작자의 웹사이트는 때때로 확인해 볼 필요가 있다. 아무리 대형이라 해도 소프트웨어 제작자를 전면적으로 신용해서는 안 된다는 것이 슬프게도 현실이다.

4. 윌스 대책

인터넷을 이용함에 있어 소프트웨어상의 문제로는 다른 하나의 측면이 있다. 그것은 윌스이다. 이것은 다 열거할 수 없을 정도로 많다. 단 증식해 가는 정도의 웜류에서 컴퓨터를 기동할 수 없게 되어버리는 것, 하드디스크를 통째로 소거해버리는 것까지 여러 가지이다. 또, 여러 기능을 복합시켜감에 따라 강력하게 되어 가는 것도 있다. 그 때 그 때의 윌스를 알기 위해서는 그것을 체크하고 있는 홈페이지를 찾아서 스스로 조심할 수밖에 없다. 윌스는 기본적으로는 바이너리 파일에 감염하는 것으로 프로그램 등의 수수를 하지 않는 한 감염하지 않지만, 마이크로소프트 오피스제

품의 매크로 기능에 대한 월스 감염이 가능하게 되었을 때, 문제는 단번에 심각하게 된다. 이것들은 매크로 월스라고 불리는 것으로 워드문서나 표 계산의 데이터에 감염할 수 없도록 된 것이다. 이 월스는, 인터넷의 발전과 보조를 맞추어 폭발적으로 그 감염범위가 확대되고 있다. 어떤 사람이 모르고 감염되어 문서나 데이터를 작성하고 타인에게 그것을 보내면 그것이 또 감염을 부른다는 구조이다.

그러나 그렇다하여 마이크로소프트의 오피스제품을 이용하지 않는다고는 할 수 없을 경우가 많다. 이런 때는 차례로 신종이 등장하는 월스에도 리얼타임으로 대응해 가는 안티 월스 소프트가 몇 개 회사도부터 리리스되고 있어 그러한 소프트웨어를 이용하는 것이 좋다고 생각한다.

5. 인터넷에서의 프라이버시

인터넷은, 원래 선의를 전제로 한 연구자들의 무명 대중 네트워크여서 프라이버시 보호에 관해서는 여러 의미에서 도구설립이 불충분하였다. 이는 크레디트 카드정보 도난사건이 뒤를 이어 일어나는 것에서도 단적으로 드러난다. 그래서 전자메일의 익명성과 비밀성에 대해서 언급하고 싶다.

전자메일은 제거할 때 메일 서버에 보관되므로 이 서버의 관리 자권한을 가지고 있는 사람에게는 그것을 열람함에 있어 기술적인 장벽은 존재하지 않는다. 물론, 배송경로 도중에서 도청하는 것도 기술적으로는 가능할 경우가 적지 않게 있다. 엄밀하게 말하면 암호화하지 않는 한 전자메일에서의 통신 비밀은 보증될 수 없다. 메일을 이용하고 있는 많은 사람은 이러한 것을 이미 전제로 한 뒤에 이용하고 있다고 생각하나 이러한 구조를 모르고 메일을 주고받고 있으면 그것이야말로 생각지 못한 구멍에 빠질 수가 있을 것이다.

마지막으로, 인터넷 이용에 관해서 '익명성'이라는 것에 대한 주의이다. 인터넷을 이용하고 있으면, 일견 어디의 누군가의 정보와 액세스하고 있는지 모른다. 또는 어디의 누가 그것을 제공하고 있는지 모른다는 인상을 받는다. 실제, 매스컴을 비롯하여 인터넷 문제에 대해 의론되는 장에서는 때때로 익명성이라는 것이 문제의 원인이 되고 또는 문제자체가 된다.

그러나 인터넷의 구조에서는 인터넷에 접속되어 통신하는 각각의 컴퓨터는, IP주소라고 불리는 번호를 하나씩 분배받아 이에 의해서 컴퓨터 사이의 통신을 가능하게 하고 있다. 전화회선을 경유해서 프로바이터로부터 접속하는 경우에도 일시적이나마 그 IP주소를 배당받은 뒤에 액세스하는 것이다. 환언하면 그 시간에 그 IP주소를 사용하는 사람은 세계에서 한 사람밖에 없다는 것이 된다.

즉, 착실하게 통신기록만 취하고 있다면, 어느 컴퓨터에서 액세스가 있었던가는, 그 컴퓨터를 누가 사용하고 있었던지는 별개로 — 원리적으로는 알 수 있다는 것이다. 현재 인터넷에서 일컬어지고 있는 익명성은, 오히려 통신기록을 열람하는 권한이 일원화되어 있지 않다는 것과 처음부터 통신기록이 청취된다 해도 보증하지 않는다는, 운용면에서 기인하는 것이 크다. 앞으로 운용면이 정비되거나 또는 이미 부분적으로 정비된 것을 이용하고 있을 경우, 반드시 익명 이용이라고는 할 수 없는 경우도 있다는 것을 염두해 두어야 할 것이다.

6. 추구되는 자기책임

이상, 인터넷에서 정보를 이용할 경우 주의해야할 점에 대해 몇 개를 검토해 왔다. 공통해서 말할 수 있는 것은 이용자의 자기 책임을 요한다는 것이다. 인터넷이 발전해 가면 갈수록, 이제까지가 그러하였듯이 신뢰성이 낮은 정보는 보다 증가하고, 소프트웨어의 시큐리티 홀은 보다 심각해지며 월스는 보다 악질적인 것으로 증가해 갈 것이다. 그리고 이 경향이 현저하게 되면 될수록 이용자의 자기 책임은 보다 강하게 추구되어 갈 것이다.

종교 관련 사이트처럼 주고받는 정보가 엄밀하고 심각하게 되는 분야에서는 여기에서 말한 바와 같은 것에 보다 한층 주의를 기울여야 할 것이다.

참고 URL

IPA시큐리티센터

http://www.ipa.go.jp/SECURITY/index-j.html

마이크로소프트의 매크로월스정보

http://www.microsoft.com/japan/Office/Information/MacroVirus/default.htm

참고서적

佐々木良一, 『인터넷 시큐리티 입문』, 岩波新書, 1999년.
클리포트 스토일, 倉骨彰역, 『인터넷은 텅 빈 동굴』, 草思社, 1997년.

제3장 __ 인터넷상의 종교정보의 현상
: 홈페이지를 중심으로

구로사키 히로유키(黑崎浩行)

처 음

심포지엄에서는 종교단체의 홈페이지(웹사이트) 운영자로부터 여러 의견이 교환되었다. 또 한편, 인터넷을 이용하는 종교연구자의 입장에서 '앞으로는 인터넷상에서 정보가 발견되지 않는 종교는 존재하지 않는다고 여기는 시대가 될 것이다'라는 발언도 나왔다.

과거 어떤 미디어도 그렇듯이 미디어를 통해서 송출되는 정보가 현실을 그대로 반영하고 있는 것이 아니라는 것을 주의해 둘 필요가 있다. 그러나 사회가 복잡하게 기능 분화하고 또 경제와 정치의 글로벌화에 의해서 미디어정보를 근거로 해서 여러 가지 의사결정이 행해지는 현대 사회에서는 정보가 직접적인 경험에 더해 우리들 현실의 일부분을 구성하는 것도 사실이다.

이러한 사회에 살고 있는 우리들은 미디어로부터 신뢰하기에 충분한 정보를 선택해 내어, 그것들을 비판적으로 분석하는 능력(미디어 리터러시)이 요구된다. 환언하면, 신문, 방송, 주간지 등의 매스미디어에서는 보다 공평하고 정확한 정보를 제공할 책임이 과해지는 것이 된다.

인터넷의 경우는 어떠한가? 인터넷에서는 누구나 자유롭게 정보를 발신할 수 있고 정보의 신뢰성을 보증해 주는 권위는 어디에도 없다. 개개인이 서로 정보를 비판적으로 검토하는 능력을 높이는 것으로 신뢰성 문제는 극복할 수 있다, 고 낙관시하는 경우도 있을지 모르나 이러한 성숙한 상황에는 도달하지 않고 보다 많은 정보를 흘린 자가 승리하는 상황이 될지도 모른다.

종교에 관한 정보에 대해서도 같은 것을 말할 수 있겠다. 매스미디어의 종교보도 경향에 대해서는 이미 연구가 있지만,[1] 인터넷 상의 종교정보에 대해서도 같이 비판적인 분석이 필요한 단계에 와 있다고 생각된다.[2]

---

1 井上順孝, 「매스컴의 신종교상」, 『신종교사전』(弘文堂, 1990년), p.516~521.

2 인터넷이 보급하기 시작한 극히 초기에 인터넷상의 종교 정보에 대해서 조사·분석을 행한 선구적인 시도로서, 田村貴紀, 「인터넷의 종교정보 – 그 가능성과 위험성」(『종교와 사회』 3, 1997년, p.119~136)이 있다. 또, 土佐昌樹, 『인터넷과 종교 – 카르트·원리주의·사이버 종교의 현재』(岩

이 장에서는 이를 위한 하나의 준비작업으로서 인터넷상의 종교정보의 현상을 종교단체의 홈페이지를 중심으로 바라보고 싶다.

1. 일본 종교단체의 공식 홈페이지

수량적인 면에서

우선, 숫자상에서는 종교단체의 홈페이지에서는 어떤 경향이 보이는 것일까?

이 장의 집필시점(2000년 4월 11일)에서 Yahoo! Japan 검색서비스(http://www.yahoo.co.jp/)에서는 종교에 관계하는 사이트가 1618건 등록되어 있다(생활과 문화·종교). 작년 4월에는 이미 1428건이 등록되어 있어, 13%밖에 등록수가 늘어나지 않았다.

Yahoo!에서는 등록 사이트의 선별을 행하고 있어 이 숫자가 인터넷상의 전체적인 경향을 반영하고 있다고는 할 수 없다. 그러나 본가인 Yahoo!는 동시기에 17,300에서 30,247로, 75%의 신장률을 나타내고 있다. 이와 비교하면, 현재 정보량의 면에서도 증가의 면에서도 인터넷에서 취할 수 있는 일본 종교정보는 그다지 큰 것이 아니라고 상상할 수 있다.

波書店, 1998년)는, 현대 종교연구를 위한 도구로서 인터넷의 가능성에 대해서 여러 가지 토픽을 들면서 논하고 있다.

또, 각 계통의 비율에서 보면 어떨까? Yahoo! Japan에는 '생활과 문화·종교·종교별'이라는 계층에서 종교별 등록 사이트 수가 표시되어 있다. 이에 의하면, 가장 많은 것이 기독교로 744(47.5%), 다음이 불교로 562(35.9%), 신도가 131(8.4%)로 되어 있고, 그 외는 합계 130(8.3%)이다. 분류기준이 공통되지 않아 단순한 비교는 할 수 없지만, 『종교연감』 2000년판(교세이, 平成 11년판)에 기재되어 있는 신사·절·교회 등 단위 종교법인수, 신자수와 비교하면, 불교(77,625법인, 96,130인, 255인)가 점하는 비율(법인수 42.4%, 신자 44.7%)은 큰 차가 없을지언정, 신도(85,554법인, 46.8%, 106,151,937인, 49.4%)와 기독교(4,027법인, 2.2%, 1,761,907인, 0.8%)가 역전하고 있음을 알 수 있다.

Yahoo! Japan 등록 사이트에는 여러 가지 운영주체에 의한 것이 섞여 있지만, 일본의 종교단체가 공식으로 발신하고 있는 홈페이지는 어느 정도일까. 시도로서 『종교연감』 2000년판에 기재되어 있는 480개의 포괄 종교단체 중, 어느 정도가 공식 홈페이지를 개설하고 있는지를 조사해 본 바, 2000년 3월말 시점에서 63개 단체가 가지고 있는 것을 알았다(부록 1 참조, 196~200항). 더욱, 『종교연감』에 기재되어 있는 종교법인이라도 문부대신 소괄의 단위 종교법인·비포괄종교법인은, 신자수가 기재되어 있지 않아서 제외시켰다.

부록 1에는 각 포괄단체의 신자수를 첨부해 두었다. 여기에서 알 수 있듯이 결코 신자수가 많은 단체만이 아니다. 또 일본 기독교단을 비롯해서 몇 개의 대표적인 포괄종교단체는 공식 홈페이지를 가지고 있지 않다.

그렇지만, 일본기독교단의 교구나 교회가 개별적으로 열고 있는 공식 홈페이지는 수없이 많이 존재한다. Yahoo! Japan에는 67개 교회가 등록되어 있으며 각각 교회의 소재지와 역사, 청년부와 부인부 활동 등을 소개하고 있다.

또, 신사의 홈페이지도 이전부터 많이 존재하고 있었다. 아타고신사(愛宕神社, 東京都港区) 홈페이지는, 1997년 여름에 『산케이신문(産経新聞)』(8월 24일호) 일면에 소개되었을 정도이다. 한편, 신사본청 공식 홈페이지가 개설된 것은 작년이다.

즉, 절·신사(社寺)·교회 레벨에서 정보 발신이 점점 진행되고 포괄단체는 나중에서야 겨우 무거운 허리를 들었다는 것이 이 곳 수년의 흐름이라고 할 수 있다.

특히, 단체가 책임 주체가 되어 있는 공식 홈페이지와 종교단체에 참가하는 교사나 신자가 한 개인으로서 그 종교를 소개하는 비공식적인 홈페이지 등이 혼재하고 있는 상황을 지적할 수 있다. 여기에서도 비공식 쪽이 먼저 일어나는 경향이 있었다고 할 수 있다.

천리교 공식 홈페이지는 1997년 5월에 개설되었고 그 이전부터 천리교를 소개하는 홈페이지는 몇 개 존재하고 있었다. 그 중 대표적인 것이 천리교 해외부 시미즈구니야(清水国治)씨에 의한, 천리교 동료쉽 넘버원(http://www.mahoroba.ne.jp/~kuni/)이다. 1996년에 개설된 이 홈페이지는, 영어로 천리교의 가르침을 소개하며, 동시에 같이 천리교의 가르침을 소개하고 있는 홈페이지 끼리를 하이퍼링으로 연결하는 '천리교 동료쉽'을 제공하고 있다. 현재 56개 홈페이지가 링크되어 있다. 이 중에는 교회 공식 홈페이지도 있고, 개인이 개설한 홈페이지도 포함되어 있다. 시미즈씨는 천리교의 인터넷 운영위원회 위원장으로서 공식 홈페이지 운영에도 관계하고 있지만, 이와는 달리 시미즈씨 개인 홈페이지는 지금도 같은 내용으로 유지되고 있으며 천리교 동료쉽 페이지도 그 안에 실려 있다.

인터넷 이용자가 정보에 대한 신뢰성을 스스로 판단하는 능력을 가진다면 틀림없이 당사자가 개설한 홈페이지라면, 공식이든 비공식이든 상관없을 것이다. 또 개인에 의한 비공식 홈페이지는 그 취지에 대한 양해문구를 기록하고 있는 케이스도 많다. 앞으로 가령 포괄단체의 공식 홈페이지가 늘어도 상호 보완적으로 계속해 나갈 것이라고 예상된다.

그렇지만 한편으로, 악의나 영리 목적으로 공식 홈페이지를 장식하거나 거짓말을 하는 케이스도 있을 수 있다. 후쿠오카현(福岡県) 다자이후(太宰府) 텐만구(天満宮) 홈페이지(http://www.dazaifu

tenmangu.or.jp/)는 1998년에 개설되었는데 여기에는 다음과 같은 사정이 있었다. 1997년 가을 다자이후 텐만구의 부적을 대행 판매하는 업자가 인터넷상에 나타났다. 그래서 '세상의 오해를 사는 "위조물"의 횡행은 민폐다'라며 공식 홈페이지를 개설(『西日本新聞』 1998년 8월 9일호, 「학문의 신도 하이테크 시대 다자이후 텐만구」)하였다고 한다. 공식 홈페이지와 혼동하기 쉬운 정보에 대한 유효한 대항책으로서 공식 정보발신을 적극적으로 전개하는 수단이 취해진 것이다.

이처럼 인터넷상에서는 개인이나 소규모적인 집단에서 먼저 정보발신이 시작되고 큰 단체는 그 흐름에 딸려 가는 또는 대항 수단으로서의 의미로써 공식 홈페이지를 개설해 간다는 경향이 보인다.

내용면에서

부록 1에 실은 사이트나 다른 종교단체 홈페이지를 방문하며 실감하는 것은 일본의 여러 종교단체가 어떠한 가르침을 설파하고, 또 어떠한 행사·활동을 하고 있는가를 알고 싶을 때, 지금 가장 입수가 용이하고 내용도 중실한 자료는, (만약 존재한다면) 그 종교단체의 공식 홈페이지가 아닐까 한다. 매스컴에서 보도된 종교행사나 종교 활동은 신사신도와 전통불교에 크게 치우쳐 있고[3]

특히 신종교의 가르침이나 활동·행사에 대해서 이 정도로 충실한 정보를 접할 기회는 가까이에 신자가 없다면, 대체로 인터넷상에서만 있을 수 있는 일이다. 산업화·도시화에 따른 인구유동으로 지역적인 기반을 잃어가고 있는 작은 신사나 불교사원, 또 기독교 교회를 아는 수단으로써도 같은 상황이다.

이것은 종교단체의 광고미디어로서 이른바 목전의 채널이 저비용으로 확보할 수 있게 되었다는 것을 말한다. 이것도 중요한 점이나 여기에서는 인터넷의 특징에 대해서만 주목하고 싶다. 포괄종교단체 공식 홈페이지에 대해, '영어판 존재', '외부에서의 링크', '조회처 전자메일 주소'의 유무를 조사해서 그 결과를 부록 1에 실어 놓았다.

인터넷에는 전세계의 컴퓨터가 접속되어 있어 국경이 없는 네트워크라고 자주 일컬어진다. 그러나 여기서 교환된 정보에는 언어라는 벽이 있다. 일본어 문자정보는 외국의 컴퓨터에서는 처리할 수 없는 것이 많아 설령 독자 자신이 일본어를 해석해도 컴퓨터가 일본어를 해독하지 못해 바르게 표시·인쇄할 수 없고 읽을 수 없다는 상황이 된다. 따라서 사실상, 세계를 향해 정보를 발설하려면 영어를 써야한다.

---

3 石井研士, 「고도정보화사회 속에서 재생되는 전통문화」, 『国学院雑誌』 (100권 11호, 1999년), p.18~33.

일본 포괄종교단체의 공식 홈페이지의 경우, 약 반수가 영어판을 제공하고 있음을 알 수 있다. 또, 해외 지부가 영어에 의한 공식 홈페이지를 개설하고 있는 경우도 있다.

신사와 절(社寺)·교회의 홈페이지나 개인 홈페이지에 대해서 정확한 조사는 하고 있지 않지만, 압도적으로 일본어가 많다는 인상이다. 따라서 세계를 향한 정보발신이라기보다도 일본국내 또는 그 지역 내에서의 정보발신이라는 의미를 가진 것이라고 할 수 있다.

다음에 외부로의 링크의 유무로 먼저 개설되어 있던 신사와 절·교회의 홈페이지나 개인 홈페이지에 링크하는 경우도 있으나 그런 홈페이지가 존재함에도 불구하고 완전히 링크로 열리지 않는 것이 많다.

WWW(World Wide Web)의 본질은, 인터넷상에서 어느 작자가 공개한 정보와 다른 작자가 공개한 정보가 하이퍼링크에 의해 촘촘히 연결되는 하이퍼텍스트 시스템에 있다. 인터넷이 일반에 보급하기 시작한 초기 단계에는 이러한 하이퍼링크를 거슬러 페이지를 건너가는 것을 '넷 서핑'이라 부르고 그렇게 정보의 바다를 탐색하고 있었다. 오늘날은 너무나 많은 정보가 범람하여 하이퍼링크를 거치는 것보다도 검색엔진에서 검색하는 쪽이 오히려 효율적일 수 있다. 그래도 때때로 선별된 링크집이 제공되어 있거나 혹은 관련한 정보에 링크가 걸려 있거나 하면 매우 편리하다.

그렇지만, 종교 단체 공식 홈페이지의 경우, 링크는 미묘한 정치적·사상적 문제를 포함하는 것이 된다. 공식 홈페이지에서 다른 사이트에 링크되어 있다면, 그 사이트에로의 액세스는 그만큼 용이하게 된다. 그래서 이용자는 공식 홈페이지에서는 취급되지 않았던 여러 정보나 사고에도 접하게 된다. 통일적인 공식표명을 과감히 피하는 단체 내의 견해가 그들 사이트에 게재되어 있을 지도 모른다. 의견의 대립이나 다양성이 현재화하는 것이다.

물론, 공식 홈페이지에 링크가 걸려 있지 않다고 해서 그것들의 다른 사이트에로의 접촉이 차단되는 것은 아니다. 검색엔진 능력이 향상해서 이에 의거한 이용 방법이 넓어짐에 따라 링크처를 선별하는 행위를 가진 마이너스 방향의 정치적 효과는 적어질 것이다. 오히려, 포교·교화활동의 다양한 전개나 깊이를 적극적으로 어필할 때 링크가 도움이 된다고 생각한다. 앞에 소개한 '천리교 동료쉽'은 그 전형적인 것이라 할 수 있다.[4] 또, 신사신도, 불교, 기독교, 신종교 등 각각 사이트에 따라 망라된 링크집이 있다 (부록 2 참조, 201항).

마지막은 조회처 메일 주소의 유무로 이것도 많은 사이트가 공

---

4 인터넷의 혼돈된 상황 속에서 링크가 가진 힘이 종교집단에 어떠한 영향을 미치는 가에 대해서는, 深水顯真의 고찰이 있다(「인터넷의 발달과 종교집단의 변용」, 『서일본종교학잡지』 19, 1997년, p.68~81).

개하고 있다. 홈페이지에 의한 정보발신은 출판이나 방송처럼 한 방향적인 성격을 가지고 있어 그것만으로는 인터넷의 중요한 특성인 쌍방향성이 표면에 나오지 않는다. 앞에서 언급한 상호로 링크를 거는 행위나 메일에서의 주고받음, 또 메일링 리스트나 전자게시판시스템이라는, 복수의 참가자가 모이는 커뮤니케이션을 제공·이용하기 시작해야 비로소 쌍방향성이 현실적이 된다. 홈페이지상에 메일 주소를 공개하는 것도 이러한 쌍방향적인 커뮤니케이션의 계기가 될 수 있다. 그렇지만, 포괄종교단체의 홈페이지의 경우, 운영당사자로서는 어디까지나 광고창구로서의 의미로 메일 주소를 공개하는 것이라고 생각된다. 또 실제로는 고민에 따른 상담이 쇄도하는 케이스는 적을지도 모른다.

부록 1에서 든 예 가운데, 이례의 것으로서 사쿠라진구(桜神宮, 神習教) 사이트가 있다. 여기에서는 '개운상담 창구'가 설치되어 있다. 여러 가지 고민의 상담에 대해 구지(宮司 : 官長)가 직접 전자메일로 임상심리학의 견지에서 행하고 있다고 한다.

온라인에서의 상담·카운셀링이 가져오는 가능성은 종교계 사이트(주로 기독교·불교)나 뉴에이지·정신세계계의 것, 또 정신의료 전문가에 의한 것[5]에 한하지 않고 인터넷상의 일상적인 커뮤

---

5 기독교에서는 林浩司氏(미국 아이다호 주재, 성공회목사, 목회카운셀라)의 '만남의 창'(http://www.try-net.or.jp/˜k-ohta/pastoral/), 불교에서는 善照寺

니케이션 전체 속에서 지극히 큰 넓이를 가진 문제라고 생각된다. 누군가에게 상담하고 싶은 고민이 있는 사람에게 있어 얼굴이 보이지 않는 대화는 위장이 용이하거나 상대에 대한 신뢰가 약해진다는 마이너스면만 있는 것은 아니다. 오히려 상대에게 얽매이지 않고 자신의 기분을 토로할 수 있는 것으로서 기성 사회적인 얽힘을 상대화하면서 문제를 명확하게 하고, 해결의 실마리를 발견해 낼 수도 있을 것이다. 물론, 지식과 경험이 있는 카운슬러가 상담의 상대가 되어 준다고는 할 수 없어, 상담에 응하는 편에서도 대면 상황과는 다른 깊은 주의를 요하는 위험과 이웃하고 있는 것도 자각해야 한다. 1998년 12월의 '닥터 그리코 사건'<도쿄도(東京都) 스기나미구(杉並区)에 사는 여성이 인터넷에서 자살지망자가 모이는 홈페이지 '닥터 그리코 진찰실'에서 알게 된 쿠사카베 류지(草壁竜次)라는 카운슬러로부터 보내진 청산가리를 마시고 자살한 사건>도 이러한 가운데에서 일어난 비극의 하나라고 할 수 있겠다.[6]

그런데, 광고 창구로서의 조회처 메일에 대한 수신체제라는 문

(浄土宗, 千葉県市川市)의 '懺悔室'(http://www.bekkoame.ne.jp/~imaoka/)가 있다. 또 여기에서는 구체적으로 소개하지 않지만, 종교단체를 탈퇴한 전신자가 예전의 체험이나 일상생활에 복귀하기 위한 조언을 서로 행하고 있는 전자게시판도 존재한다. 정신의료 전문가가 개설하고 있는 온라인 의료 사이트에서 유명한 것으로는, 영국의 Cyber Analysis(http://www.cyberanalysis.com/)가 있다.

6 矢幡洋, 『닥터 그리코의 선물』, 河出書房新社, 1999년.

제도 있다. 조회처 메일 주소를 공개하고 있지 않은 사이트는, 필경 질문메일에 대한 답이 공식회답으로서 혼자 걸음걸이를 해 버리는 것을 피하고 싶다는 판단에서라고 생각된다.

인터넷이기에 일어나는 특징에 주목해 보면, 단순히 종교단체가 새로운 기술을 얼마나 사용하고 있는가, 라는 레벨에서 더욱 더 깊은 레벨, 즉, 새로운 커뮤니케이션 환경 내에서 종교 사회적인 존재형태가 재정립되어 가는 프로세스로서 인터넷 이용을 볼 수 있을 것이다. 이러한 문제에 대해서는 필자도 연구조사를 쌓고 있는 단계이다.[7]

2. 세계의 종교 홈페이지

마지막으로, 세계 종교 홈페이지 중 대표적인 것을 간단하게 소개해 두고 싶다(부록 3 참조, 201~203항).

기독교

인터넷상에는, 로마 가톨릭을 비롯한 전통적인 종파로부터 19세기・20세기에 태어난 새로운 교단까지 방대한 숫자의 기독교

---

7 이제까지의 연구조사에 대해서는 이하의 보고서에 정리되어 있다. 黑崎浩行 편저, 葛西賢太・川島堅二・田村貴紀・深水顯真 著, 『전자 네트워킹의 보급과 종교의 변용』黑崎浩行, 2000년.

사이트가 존재한다. 저널리스트인 제프 자레스키에 의하면, 1997
년 초에는 주요한 세계종교(기독교, 유대교, 이슬람교, 불교, 힌두교)
중에서 기독교 사이트는 80퍼센트를 점하고 있다고 한다.[8] 현재
도, Yahoo! 종교별에서의 등록 수 29,362개 중, 기독교는 23,829
개(81%)로 이 상황이 변하지 않는 것을 볼 수 있다.

이것은 인터넷이 미국의 발상이며 이용자의 거주지역도 미국이
48.6%를 점하는 것(일본인터넷협회 편, 『인터넷백서 '99』, 인플레스,
1999년, 158항)을 고려하면 당연한 일이다.[9]

이러한 상황을 반영하여, 미국에서는 크리스천 전용 인터넷 가
이드북이 여러 권 출판되고 있다.[10] 인터넷에 대한 접속 방법부터
시작해서 인터넷에서 기독교 웹사이트를 발견하는 방법, 권유 사
이트, 메일링 리스트에 대한 참가 방법이나 매너, 오리지널 홈페

---

8 Jeff Zaleski, The Soul of Cyberspace : How New Technology Is Changing
Our Spiritual Lives, HarperEdge, Harper Colins, 1997, p.99.

9 기독의 각 종파가 인터넷에 접하는 양상에 대해서는, 生駒孝彰, 『인터넷 속
의 신들 - 21C의 종교공간』(平凡社, 1999년)이 상세하다.

10 Quentin J.Schultz, Internet for Christians : Everything You Need to
Start Cruising the Net Today, Gospel Communications International,
1996.
Jason D. Baker, Christian Cyberspace Companion : A Guide to the
Internet and Christian Online Resources, Second Edition, Baker Books,
1997.
Vernon Blackmore, God on the Net : Guide to the Best Sites for
Studey, Inspiration and Resources, Year 2000 Edition, Marshall
Pickering, Harper Collins, 1999.

이지 작성방법까지가 초심자 전용으로 친절하고 상세하게 설명되어져 있다.

또, 기독교 사이트 클릭 수 랭킹을 제공하는 God's Counter (http://www.godscounter.com/)라는 사이트도 있다. 서비스로 등록한 사이트에 클릭카운터를 무료로 제공하고, 운영자나 이용자가 그 사이트에 접속한 방문자수를 파악할 수 있도록 하는 대신에 등록 사이트 중, 어디가 가장 많은 클릭을 얻고 있는가를 공표하는 것이다. 기독교 인터넷 이용 기슭의 넓이를 느끼게 한다.

이슬람, 유대교

양에 있어서 압도적으로 우위에 있는 기독교에 대해 이슬람이나 유대교에서는 어떨까?

이슬람에 관한 인터넷상의 정보원을 망라한 링크 사이트의 하나, Ibrahim Shafi's Home Page(http://www.islamworld.net/)를 보면, 비무슬림 전용 이슬람을 소개한 정보로부터 성전 코란이나 신앙생활에 관한 무슬림 전용의 정보, 운동단체에 의한 성명을 공표한 사이트까지 있는 것을 알 수 있다.

유대교에서는 Shamash(http://shamash.org/)가 유명하다. 헤브라이 대학 정보기술센터가 개설하고 있는 사이트에서는 유대교에 관한 정보를 망라해서 제공하고 있고 다른 사이트에로의 링크도 충실하다.

　이러한 상황은, 인터넷이란 글로벌적인 커뮤니케이션이 종교적인 또는 민족적인 공통성을 해소시키는 것이 아니라 오히려 그것을 각성시키고 재활성화시키는 방향으로 진행하고 있는 것이라 생각한다. 미국 비평가 마크 포스타는 자신이 유대인의 가계에서 자란 신체적 경험을 토대로, 약간의 의문을 제기하면서도, 이산한 민족이 장소에 구애 없이 아이덴티티를 취하기 위한 도구로서 인터넷을 취할 수 있다고 언급하고 있다.[11] 에스티시티와 인터넷과의 다이내믹한 관계에 대해서는 앞으로도 더욱 고찰을 깊이 해야 할 문제일 것이다.[12]

불 교

　불교에 대해서는, 학문적인 콘텐츠가 많이 보이며, 대정신수대장경(大正新脩大蔵経) 교재 데이터베이스(http://www.1.u-tokyo.ac.jp/~sat/)

---

11 Mark Poster, "Virtual Ethnicity : Tribal Identity in an Age of Global Communications," in Steven G. Jones (ed), Cybersociety 2.0 : Revisiting Computer-Mediated Communication and Community, Sage, 1998, pp.184~211.
12 재일 한국인의 인터넷 이용 케이스에 대해서는, 野村一夫, 『인터넷 시민 스타일[저작권법편]』(論創社, 1997년)이 언급하고 있다.

에 대표되듯이 일본에서 세계를 향해 불교학의 성과를 공표한 것도 많이 존재한다.

또, 선이나 티벳불교에 관한 정보가 특히 많다. 이러한 경향도 미국 및 유럽에서의 불교 수용 상황을 반영하고 있다고 생각된다.

마지막에 부쳐

인터넷상의 종교정보에 대해서, 일본과 세계 종교관련 홈페이지를 중심으로 개관해 보았다. 현재는 인터넷상에서 얻을 수 있는 정보는 풍부하게 있지만, 기술적인 통신기반의 보급 상황을 고려해야만 그곳에서 유통하는 정보를 믿을 수 있다고 할 수 있을 것이다.

그러나 그 반면, 사회변동이나 새로운 종교적 행위가 발생하여 전개하는 장으로서 인터넷상의 커뮤니케이션을 주목할 수 있다. 이 방면의 중요성은 앞으로 더해갈 것이다.

부 록

1. 일본의 포괄종교단체 · 공식 홈페이지 주소
(『종교연감(宗敎年鑑)』게재순, 단체명칭은 음독으로 통일하였음)

(○ : 있음, × : 없음)

단체명칭	신자 수	영 어	링 크	메 일
신사본청(神社本庁) http://www.jinjahoncho.or.jp/	95,324,023	○	○ (궁내청에)	×
천원교(天元敎) http://www2.odn.ne.jp/~tengen/	5,440	○	×	○
금도비라본교(金刀比羅本敎, 讚岐金刀比羅宮) http://www.konpira.or.jp/	215,900	○	○	○
출운대사교(出雲大社敎) http://www.izumooyashiro.or.jp/	1,253,173	×	×	○
대본(大本) http://www.oomoto.or.jp/	173,029	○	○	○
신습교(神習敎) http://www.sakura.jingu.net/	233,195	×	×	○
신리교(神理敎) http://www.try-net.or.jp/~1019/	269,671	○	×	○
금광교(金光敎) http://konkokyo.or.jp/	430,190	○	○	○
스메라교(すめら敎) http://www3.ocn.ne.jp/~i.o/		×	×	○

단체명칭	신자 수	영 어	링 크	메 일
평화교(平和教) http://home.interlink.or.jp/~tnobu/	5,691	×	×	×
천태종(天台宗, 総本山延暦寺) http://www.hieizan.or.jp/	1,531,498	○	○	×
금봉산수험본종(金峯山修験本宗, 総本山金峯山寺) http://www.threeweb.ad.jp/~sakura/sanpai/kin/kinpu.html	121,400	×	×	○
화종(和宗, 総本山四天王寺) http://www.shitennoji.or.jp/	93,213	×	×	○
고야산진언종(高野山真言宗, 総本山金剛峯寺) http://www.koyasan.or.jp/	5,486,000	×	○	○
진언종제호파(真言宗醍醐派, 総本山醍醐寺) http://www.daigoji.or.jp/	558,370	○	○	○
진언종천용사파(真言宗泉涌寺派, 総本山泉涌寺) http://www.mitera.org/	43,691	○	○	○
진언종어실파(真言宗御室派, 総本山仁和寺) http://web.kyotoinet.or.jp/org/ninnaji	331,980	×	×	○
진언종대각사파(真言宗大覚寺派, 大本山大覚寺) http://www.daikakuji.or.jp/		×	○	○
진언종선통사파(真言宗善通寺派, 総本山善通寺) http://www.niji.or.jp/zentsuji/	271,215	×	○	○
진언종지산파(真言宗智山派) http://www.chisan.or.jp/	1,512,488	×	×	○
진언종풍산파(真言宗豊山派) http://www.buzan.or.jp/	1,207,437	○	○	○
신귀산진언종(信貴山真言宗, 総本山朝護孫子寺) http://www.sigisan.or.jp/	522,300	×	×	×
신진언종(新真言宗, 総本山長栄寺) http://www.choeiji.com/		×	○	○
구세관음종(救世観音宗, 紀三井寺, 総本山護国院) http://www.kimiidera.com/	22,700	×	×	○
진여원(真如苑) http://www.shinnyo-en.or.jp/	776,074	×	×	○

단체명칭	신자 수	영 어	링 크	메 일
정토종(浄土宗) http://www.jodo.or.jp/	6,032,864	○	○	○
서산정토종(西山浄土宗, 総本山光明寺) http://www.netpro.ne.jp/~komyoji/	165,100	×	○	○
정토진종본원사파(浄土真宗本願寺派, 西本願寺) http://www.hongwanji.or.jp/	6,940,775	×	×	×
진종대곡파(真宗大谷派) http://www.tomo-net.or.jp/	5,533,146	×	○	○
진종정흥사파(真宗浄興寺派) http://www.johkohji.or.jp/	17,479	×	×	○
일전약사교단(一畑薬師教団) http://ichibata.org/	263,176	○	○	○
세심교단(洗心教団) http://www.senshin.or.jp/	50,755	×	×	○
조동종(曹洞宗) http://www.sotozen-net.or.jp/	1,716,951	○	○	○
일련종(日蓮宗) http://www.nichiren.or.jp/ (해외 : http://www.nichiren.org/)	3,818,144	○	×	○
대승교(大乗教) http://www.daijokyo.or.jp/	296,904	×	○	○
본문불립종(本門仏立宗) http://www.honmon-butsuryushu.or.jp/	424,597	○	○	○
재가일련종정풍회(在家日蓮宗浄風会) http://www.jofukai.or.jp/	36,184	×	×	○
영우회(靈友会) http://www.reiyukai.or.jp/ (해외 : http://www.reiyukai.org/)	1,793,413	○	×	○
법사종(法師宗) http://www.hosshi.or.jp/	112,800	×	○	○
입정교성회(立正佼成会) http://www.kosei-kai.or.jp/	5,913,379	○	○	×

단체명칭	신자 수	영 어	링 크	메 일
정법사문법화종(正法事門法華宗, 総本山妙法寺) http://www.myohoji.or.jp/	6,743	×	×	○
아함종본청(阿含宗本庁) http://www.agon.arg/	298,515	×	×	×
변천종(弁天宗) http://www.bentenshu.or.jp/	292,350	×	×	○
가톨릭중앙협의회(カトリック中央協議会) http://www02.so-net.ne.jp/～catholic/	440,115	○	○	○
가톨릭경도사교구(カトリック京都司教区) http://web.kyoto-inet.or.jp/org/catholic/	19,904	×	○	×
일본하리스토스정교회교단(日本ハリストス正教会教団) http://www2.gol.com/users/ocj/index.hml.htm	15,634	○	×	○
일본성공회(日本聖公会) http://www.nskk.org/	58,382	○	×	○
일본복음루터교회(日本福音ルーテル教会) http://www.jelc.or.jp/	22,167	○	○	○
일본루터교단(日本ルーテル教団) http://www.asahi-net.or.jp/～em7m-andu/	3,015	○	○	○
일본기독개혁파교회(日本基督改革派教会, ラジオ伝道部) http://www.jesus-web.org/(http://www.calvin.org/)	5,034	○	○	○
일본성결그리스도교단(日本聖潔キリスト教団) http://www.jah.ne.jp/～nskk.	984	○	○	×
일본침례바이블펠로쉽(日本バプテスト・バイブル・ フェローシップ) http://www.jbbf.org/	1,706	○	○	○
제에반제리칼얼라이언스미션(ゼ・エバンゼリカル ・アライアンス・ミッション, 日本同盟基督教団) http://www4.justnet.ne.jp/～doumei/	10,146	×	○	○
일본홀리넷교단(日本ホーリネス教団) http://www2.justnet.ne.jp/～jhc-j1/	12,747	×	○	○
말일성도예수그리스도교회(末日聖徒イエス・キリ スト教会, 本部・美国) http://lds.org/	19,945	○	×	×

단체명칭	신자 수	영 어	링 크	메 일
세븐스데이 어드밴티스트교단 (セブンスデー・アドベンチスト教団) http://www.sda.or.jp/	14,314	×	○	○
구세군(救世軍) http://www.iijnet.or.jp/saj/	4,894	○	○	○
일본복음교회(日本福音教会) http://www2s.biglobe.ne.jp/~jeccej/	2,482	×	○	○
천리교(天理教) http://www.tenrikyo.or.jp/	1,902,470	○	○	○
생장의 집(生長の家) http://www.sni.or.jp/	862,507	×	○	○
퍼펙트리버티교단 (パーフエクトリバテイー教団, 略称 PL) http://plweb.perfect-liberty.or.jp/	1,131,199	○	○	○
선린교(善隣教) http://www.shinshuren.or.jp/zenrin/	269,745	×	×	○
신령교(神霊教) http://www.shinreikyo.or.jp/	86,421	○	×	○

2. 종교별 링크집

명 칭	홈페이지
링크집(신사 온라인네트워크연맹)	http://www.jinja.or.jp/link/indez.html
사원컴(寺院コム)	http://www.jiin.com/
그리스도교관련링크 (同志社大学小原克博助教授)	http://kohara.theo.doshisha.ac.jp/church/link/
光珠의 종교링크집 (大本을 비롯한 신종교링크집)	http://www.members.tripod.com/~koushu/shukyo_links.htm
종교관련링크집 (日本テンプルブアン株式会社)	http://www.jtvan.co.jp/link/index.html

3. 세계 주요 종교의 홈페이지 주소

명 칭	홈페이지
<그리스도교>	
바티칸(Vatican : the Holy See)	http://www.vatican.va/
그리스정교 (Ecumenical Patriarchate of Constantionople)	http://www.patriarchate.org/
러시아정교회	http://www.russian-orthodoxchurch.org.ru/
영국국교회(Church of England)	http://england.anglican.org/
미국복음루터교회	http://www.elca.org/
개혁파교회(Christian Reformed Church)	http://www.crcna.org/
미국장로파교회(Presbyterian Church, U.S.A)	http://www.pcusa.org/pcusa/pcusa.html
메소디즘(United Methodist Church)	http://www.umc.org/
침례파 (American Baptist Churches Mission Center)	http://www.abc-usa.org/
<그리스도교계 신종교>	
여호와의 증인 (Jehovah's Witness)	http://www.watchtower.org/
그리스도교과학(Church of Christ, Scientist)	http://www.tfccs.com/
<이슬람>	
이슬람관련 리소스집(Ibrahim Shafi's Page)	http://www.islamworld.net/
무슬림의 온라인 단체(The Islaamic Network)	http://www.islaam.net/
미국이슬람단체(Muslim American Society)	http://www.masnet.org/
<유대교>	
헤브라이대학의 프로젝트(Shamash)	http://shamash.org/
Virtual Jerusalem	http://www.virtualjerusalem.com/vjindex.htm
하시디즘(Chabad-Lubavitch in Cyberspace)	http://www.chabad.org/
홀로코스트에 관한 지식보급 (Simon Wiesenthal Center)	http://www.wiesenthal.com/

명 칭	홈페이지
<불교>	
불교관련 리소스집(Buddha Net)	http://www.wiesenthal.com/
대정신수대장경텍스트데이터베이스 (大正新脩大蔵経テキストデータベース)	http://www.l.u-tokyo.ac.jp/～sat/
화원대학국제선학연구소 (花園大学国際禅学研究所)	http://www.iijnet.or.jp/iriz/
티벳망명정부(Tibetan Government in Exile)	http://www.tibet.com/

4. 종교정보 리서치센터 · 정보공개 앙케이트 결과

종교정보 리서치센터(약칭 라크)는, 1998년 11월에, 재단법인 국제종교연구소의 사업으로서, 도쿄도(東京都) 분쿄구(文京区) 고이시카와(小石川)의 덴츠인(伝通院) · 센게츠(繊月) 회관 내에 오픈했다. 신문잡지의 종교기사가 파일화되고, 컴퓨터로 검색을 할 수 있다. 또 오픈 이후, 종교단체에 앙케이트를 실시하여, 제3자적인 정보공개의 장을 마련하였다. 이 앙케이트에 대해서는, 2000년 4월 20일까지 174개의 단체로부터 회답이 왔다(라크의 홈페이지를 본 뒤의 자발적인 회답을 포함한다).

앙케이트 속에서는, 외부로부터의 접수용 전자메일 주소가 있다면 기입하도록 하였다. 또 라크의 홈페이지에서 링크해도 상관없는 홈페이지의 URL에 대해서도 기입하도록 했다. 앙케이트에

회답이 있었던 내력을 이하의 표에서 표시하였다. 더욱, 비고란에 있는 신사, 사원, 비법인은, 각각 개별적인 신사, 사원으로 현재의 종교법인이 아닌 단체를 의미한다.

홈페이지는, 문부대신 소괄의 종교단체의 홈페이지 일람과 일부는 겹치지만, 이러한 형태로의 게재도 의미가 있기에 일부러 중복을 피하지 않았다. 홈페이지와 전자메일이 다 있는 곳, 하나밖에 없는 곳이 있어, 각각의 기능을 생각하면 흥미 깊은 결과라고 할 수 있다.

종교정보 리서치센터 http://www.rirc.or.jp/

■ 이하, 신사 및 불교단체 기독단체명 등의 읽기는 한자의 음독으로 통일하였기에, 오십음도의 각행의 어두음이 맞지 않으나 원본을 살려 그대로 두었다(역자).

정식명칭	비 고	주 소	홈페이지 · 이메일
		[아행]	
애지현호국신사 (愛知県護国神社)	신사	愛知県名古屋市中区三の丸 1-7-3	
추엽총본전가수재 (秋葉総本殿可睡斎)	불교	静岡県袋井市久能 2915-1	
아소신사(阿蘇神社)	신사	熊本県阿蘇郡一の宮町宮地 3083	asomiya@bronze.ocn.ne.jp
열전신궁(熱田神宮)	신사	愛知県名古屋市熱田区神宮 1-1-1	http://www.atsutajingu.or.jp
삼오교(三五教)		静岡県清水市岡町 8-35	
우주광조신도철학광단 (宇宙光照神道哲学光団)		東京都町田市図師町 2396-8	
석추신사(石鎚神社)	신사	愛媛県西条市西田甲 797	
석추본교(石鎚本教)		愛媛県西条市西田甲 797	
이쥰(いじゅん)		沖縄県宣野湾市嘉数 1-21-10	
사순병주신사 (射楯兵主神社)	신사	兵庫県姫路市総社本町 190	
미언신사(弥彦神社)	신사	新潟県西蒲原郡弥彦村大字弥彦 2898	
암목산신사(岩木山神社)	신사	青森県中津軽郡岩木町大字百沢	
강도신사(江島神社)	신사	神奈川県藤沢市江ノ島 2-3-8	
엔각사(円覚寺)	불교	神奈川県鎌倉市山ノ内 409	
원교사(円教寺)	불교	兵庫県姫路市書写 2968	http://www.shosha.or.jp
엔응교(円応教)		兵庫県永上郡山南町村森 1-1	
황벽종(黄檗宗)		京都府宇治市五ヶ庄三番割 34 大本山万福寺内	
대세기전신사 (大洗磯前神社)	신사	茨城県東茨城郡大洗町磯浜町 6890	
대국혼신사(大国魂神社)	신사	東京都府中市宮町 3-1	http://www.ookunitamajinja.or.jp/
대신교(大神教)		奈良県桜井市大字三輪 1198	
대삼륜교(大三輪教)		奈良県桜井市大字三輪 3	
대본(大本)		京都府亀岡市荒塚町内丸 1	http://www.oomoto.or.jp postmaster@oomoto.or.jp
대산기명신시교회 (大山祇命神示教会)		神奈川県木黄浜市南区宮元町 4-82-1	

정식명칭	비 고	주 소	홈페이지 · 이메일
[아행]			
소국신사(小国神社)	신사	静岡県周智郡森町一宮 3956-1	
원성사(園城寺)	불교	滋賀県大津市園城寺町 246	
어악산증간본교 (御嶽山曾間本教)		愛知県一宮市大字春明字裏山 27-1	
[가행]			
가톨릭중앙협의회		東京都江東区潮見 2-10-10	http://www02.so-net.ne.jp/~catholic/ cbcj-has@ja2.so-net.ne.jp
신일조교(神一条教)		大阪府東大阪市三の瀬 2-3-22	
하무별전신사 (賀茂別雷神社)	신사	京都市北区上賀茂本山 339	
신전신사(神田神社)	신사	東京都千代田区外神田 2-16-2	http://www.kandamyoujin.or.jp/ kouhou@kandamyoujin.or.jp
관음성교(観音聖教)		岡山県浅口郡鴨方町大字小坂東 2815-2	
감로대령리기도회 (甘露台霊理斯道会)		茨城県岩井市中里 1064-2	http://www.d1.dion.ne.jp/~hiro_hi
귀선신사(貴船神社)	신사	京都府京都市左京区鞍馬貴船町 180	http://www.iijnet.or.jp/kibune/ kibune@po.iijnet.or.jp
구세진교(救世真教)		群馬県群馬郡箕郷町中野 292	
경도영산호국신사 (京都霊山護国神社)	신사	京都市東山区清閑寺霊山町	
청징사(清澄寺)	불교	千葉県安房郡天津小湊町清澄 321-1	
그리스도교과학 (キリスト教科学)		東京都渋谷区神宮前 5-6-3	http://www.tfccs.com
금봉산수험본종 (金峯山修験本宗, 余峯山寺)		奈良県吉野郡吉野町大字吉野山 2498	http://www.threeweb.ad.jp/~sakura/s anpai/kin/kinpu.html HGB01360@nifty.ne.jp
구세관음종 (救世観音宗)		和歌山市紀三井寺 1201	http://www.kimiidera.com/ kimidera@wakayamanet.com
구능산동조궁 (久能山東照宮)	신사	静岡県静岡市根古屋 390	

정식명칭	비 고	주 소	홈페이지·이메일
[가행]			
안마홍교(鞍馬弘教)		京都市左京区鞍馬本町 1074鞍馬寺内	
안마사(鞍馬寺)	불교	京都市左京区鞍馬本町 1074	
해탈회(解脱会)		東京都新宿区荒木町 4	
험승종(験乗宗)		広島県因島市中庄町 749-3	
경삼사(耕三寺)	불교	広島県豊田郡瀬戸田町瀬戸田 553-2	http://www.kousanji.or.jp/ kono@kousanji.or.jp
홍정사(興正寺)	불교	京都市下京区醒ヶ井通七条上ル萃園町 70	
광명미륵회 (光明ミロク会)		三重県津市乙部 208	miroku@mint.or.jp
고야산진언종 (高野山真言宗)		和歌山県伊都郡高野町大字高野山 132	http://www.koyasan.or.jp/
고양대사 (高良大社)	신사	福岡県久留米市御井町1	http://www.jinja.or.jp/kourataisiya/ kourataisya@jinja.or.jp
금도비라본교 (金刀比羅本教)		香川県仲多度郡琴平町 892-1	http://www.konpira.or.jp miyoshi@konpira.or.jp
금광교(金光教)		岡山県浅口郡金光町大字大谷 320	http://www.konkokyo.or.jp/ w-master@konkokyo.or.jp
[사행]			
재가일련종정풍회 (在家日蓮宗浄風会)		東京都文京区千駄木 5-19-5	http://www.jofukai.or.jp
앵산팔번궁 (桜山八幡宮)	신사	岐阜県高山市桜町 178	
삼보교단 (三宝教団)		神奈川県鎌倉市長谷 1-6-5	
지은향(至恩郷)		三重県三重郡菰野町菰野 5833-2	
자연사(自然社)		大阪市阿倍野区松虫通 1-2-15	
사대도(四大道)		石川県金沢市寺町 1-16-15	
종교법인자광학원 (宗教法人紫光学苑)		兵庫県姫路市四郷町東阿保 27	http://www.bekkoame.ne.jp/~shikou/ shikou@ppp.bekkoame.ne.jp

정식명칭	비 고	주 소	홈페이지 · 이메일
[사행]			
수양단봉성회 (修養団捧誠会)		東京都豊島区池袋本町 3-11-1	yn01-snk@t3.rim.or.jp
성호원(聖護院)	불교	京都市左京区聖護院中町 15	
정토종(浄土宗)		京都市東山区新橋通大和大路通東入 3丁目林下町 400-8	info@jodo.or.jp
정법회(正法会)		東京都品川区小山台 1-7-6	
청련원(青蓮院)	불교	京都市東山区粟田口三条坊町 69-1	can@MUC.biglobe.ne.jp
송록신도대화산 (松緑神道大和山)		青森県東津軽郡平内町大字外童子字 滝の沢 12-13	
지파언신사(志波彦神 社・監竈神社)	신사	宮城県塩竈市一森山 1-1	
신궁(神宮)	신사	三重県伊勢市宇治館町 1	
진언종석철파 (真言宗石鉄派)		愛媛県西条市州之内甲 1426	
진언종선통사파 (真言宗善通寺派)		香川県善通寺市善通寺町 3-3-1	
진언종풍산파 (真言宗豊山派)		東京都文京区大塚 5-40-8	http://www.buzan.or.jp/ info@buzan.or.jp
신자수명회 (神慈秀明会)		滋賀県甲賀郡市信楽町神苑 1	
신사본청(神社本庁)		東京都渋谷区代々木 1-1-2	
진종목변파 (真宗木邊派, 錦織寺)	불교	滋賀県野洲郡中主町木部 826	
신성천안학회 (神声天眼学会)		京都市西京区嵐山宮前町 7-1	
신생불교교단 (新生仏教教団)		山口市大字吉敷 129-22	
신조교(神祖教)		愛知県豊橋市向山西町 1-2	
신도수성파 (神道修成派)		東京都杉並区松庵 3-15-12	
신도신심교 (神道神心教)		兵庫県篠山市西古佐 665	

정식명칭	비 고	주 소	홈페이지 · 이메일
[사행]			
신도대화교 (神道大和教)		三重県多気郡明和町池村 376-64	
신일본종교단체연합회 (新日本宗教団体聯合会)		東京都渋谷区代々木 5-57-10	http://www.shinshuren.or.jp info@shinshuren.or.jp
진여원(真如苑)		東京都立川市柴崎町 1-2-13	
신리교(神理教)		福岡県北九州市小倉南区徳力 5-10-8	http://www.try-net.or.jp/~1019
신령교(神霊教)		東京都港区赤坂 1-14-9	http://www.shinreikyo.or.jp info@shinreikyo.or.jp
숭교진광(崇教真光)		岐阜県高山市上岡本町 2-596	
주길신사(住吉神社)	신사	福岡県福岡市博多区住吉 3-1-51	
주길신사(住吉神社)	신사	山口県下関市一の宮住吉 1-11-1	
추방신사(諏訪神社)	신사	長崎県長崎市上西山町 18-15	
추방대사(諏訪大社)	신사	長野県諏訪市中洲宮町宮山	
생교자각원(生教自覚院)		石川県金沢市横川 3-19	
성심교회(聖心教会)		佐賀県佐賀市天神 1-3-9	
생장의 집(生長の家)		東京都渋谷区神宮前 1-23-30	http://www.sni.or.jp info-honb@sni.or.jp
세계기독교통일신령협회 (世界基督教統一神霊協会)		東京都渋谷区松涛 1-1-2	http://www3.tokyoweb.or.jp/uc-gad/
세계구세교회 (世界救世教会)		京都府京都市北区小松原北町 131	
세심교단(洗心教団)		三重県三重郡菰野町 1464-2	http://www.sensin.com info@sensin.com
보통사(普通寺)	불교	香川県善通寺市善通寺町 3-3-1	http://www.niji.or.jp/zentsuji/index.htm zentsuji@niji.or.jp
선린교(善隣教)		福岡県筑紫野市大字原田 427	zenrin@shinshuren.or.jp
창가학회(創価学会)		東京都新宿区信濃町 32	http://www.sokagakkai.or.jp/
조신도(祖神道)		熊本県玉名郡長洲町上沖洲 83	

정식명칭	비 고	주 소	홈페이지 · 이메일
[다행]			
대혜회교단(大慧会教団)		大阪府堺市大美町 142-14	
대성원(大聖院)		広島県佐伯郡宮島町 210	
대조화협회교단(大調和協会教団)		兵庫県高砂市阿弥陀町長尾 106	
대염불사(大念仏寺)	불교	大阪市平野区平野上野 1-7-26	
대평산삼길신사(大平山三吉神社)	신사	秋田県秋田市広面字赤沼 3-2	tmr@interlink.or.jp
당마사오원(当麻寺奥院)	불교	奈良県北葛城郡当麻町当麻 1263	
대화교단(大和教団)		仙台市青葉区錦町 2-4-24	
고뢰신사(高瀬神社)	신사	富山県砺波郡井波町高瀬 291	http://www1.coralnet.or.jp/takase/ takase@p1.coralnet.or.jp
다하대사(多賀大社)	신사	滋賀県犬上郡多賀町 604	
태재부천만궁(太宰府天満宮)	신사	福岡県太宰府市宰府 4-7-1	http://www.dazaifutenmangu.or.jp
지은원(知恩院)	불교	京都市東山区新橋通大和大路東入3丁目林下町 400	http://www.chion-in.jo.jp/ makimaki@mbox.kyoto-inet.or.jp
질부신사(秩父神社)	신사	埼玉県秩父市番場町 1-1	
처치 오브 사이언톨로지 오브 서쟁	非法人	東京都豊島区北大塚 2-11-7	http://www.scientology.org
진도신사(津島神社)	신사	愛知県津島市神明町	
학강팔번궁(鶴岡八幡宮)	신사	神奈川県鎌倉市雪ノ下 2-1-31	http://www.hachimangu.or.jp/ mail@hachimangu.or.jp
천원교(天元教)		東京都品川区西品川 3-18-6	tengen@pop12.odn.ne.jp
천진도교단(天真道教団)		東京都文京区目白台 2-12-5	
전통원(伝通院)	불교	東京都文京区小石川 3-14-6	
천상회(天爽会)		和歌山県西牟婁郡浜町 1659	
천태진성종(天台真盛宗)		滋賀県大津市坂本 5-13-1	
천리교(天理教)		奈良県天理市三島町 271	http://www.tenrikyo.or.jp/

정식명칭	비 고	주 소	홈페이지 · 이메일
[다행]			
도성사(道成寺)	불교	和歌山県日高郡川辺町鐘巻 1738	shunjo@mxa.meshnet.or.jp
지록신사(砥鹿神社)	신사	愛知県宝飯郡一宮町字西垣内 2	
상반신사(常磐神社)	신사	茨城県水戸市常盤町 1-3-1	http://komonsan.on.arena.ne.jp/ komonsan@po.sphere.ne.jp
덕승사(徳勝寺)	불교	香川県大川郡寒川町石田東甲 618	http://www.daigo.or.jp/ booze@daigo.or.jp
[나행]			
장전신사(長田神社)	신사	兵庫県神戸市長田区長田町 3-1-1	nagatajinnja@po.teleway.ne.jp
파상궁(波上宮)	신사	沖縄県那覇市若狭 1-25-11	
일련주의불립강 (日蓮主義仏立講)		愛知県春日井市松新町 2-28	
일광산윤왕사 (日光山輪王寺)	불교	栃木県日光市山内 2300	
신전신사(新田神社)	신사	鹿児島県川内市宮内町 1935-2	
일본얼라이언스교단 (日本アライアンス教団)		広島市佐伯区三宅 6-119	
일본예수그리스도교단 (日本イエスキリスト教団)		滋賀県近江八幡市多賀町 506-1	jccj@mx.biwa.ne.jp
日本베단타協会		神奈川県逗子市久木 4-18-1	http://www.bekkoame.ne.jp/~vedanta/ vedanta@bekkoame.ne.jp
일본기독교단 (日本基督教団, 宣教研究所)		東京都新宿区西早稲田 2-3-18-31	
일본그리스도연합회 (日本キリスト教連合会)		東京都新宿区矢来町 日本聖公会管区事務所内	
일본나자렌교단 (日本ナザレン教団)		東京都目黒区青葉台 4-7-6	
일본바하이전국정신행정 회(日本バハイ全国精神 行政会)		東京都新宿区新宿 7-2-13	http://www.bahaijp.org/ PXQ01044@nifty.ne.jp nsaipn@tka.dtt.ne.jp

정식명칭	비 고	주 소	홈페이지·이메일
[나행]			
일본침례동맹 (日本バプテスト同盟)		東京都新宿区西早稲田 2-3-18	
일본침례연맹 (日本バプテスト聯盟)		埼玉県浦和市南浦和 1-2-4	
일본복음교단 (日本福音教団)		東京都足立区鹿浜 8-18-4	
근래사(根来寺)	불교	和歌山県那賀郡岩出町根来 2286	
내목신사(乃木神社)	신사	東京都港区赤坂 8-11-27	
능세묘견(能勢妙見)	불교	大阪府豊能郡能勢町野間中 661	
[하행]			
팔대용왕대자연애신교단 (八大龍王大自然愛信教団)		北海道岩見沢市緑が丘 1-94-18	
일지신사 (日枝神社, 富山市)	신사	富山県富山市山王町 4-12	http://www.tsurugi.ne.jp/toyama-hiejinjya/ hiejinjya@tsurugi.ne.jp
영천신사(永川神社)	신사	埼玉県大宮市高鼻町 1-407	
일길신사(日吉神社)	신사	滋賀県大津市坂本 5-1-1	
복강현호국신사 (福岡県護国神社)	신사	福岡県福岡市中央区六本松 1-1-1	
복견도하대사 (伏見稲荷大社)	신사	京都府京都市伏見区深草薮之内町 68	
이견흥옥신사 (二見興玉神社)	신사	三重県度会郡二見町大字江 575	
이황산신사(二荒山神社)	신사	栃木県日光市山内 2307	
법사종(法師宗)		岩手県一関市宮前町 12-28	http://www.hosshi.or.jp/
본화묘종연맹 (木化妙宗聯盟)		神奈川県鎌倉市稲村が崎 1-18-6	
혼미치(ホンミチ)		大阪府高石市羽衣 3-1-72	
본문불립종(本門仏立宗)		京都市上京区御前通一条上ル東竪町 110	http://www.honmon-butsuryushu.or.jp

정식명칭	비 고	주 소	홈페이지 · 이메일
[마행]			
전신사(前神寺)	불교	愛媛県西条市洲之内甲 1426	
정토진신종정광사파 (浄土真信宗浄光寺派)		福岡市東区筥松 1-10-10	
말일성도예수그리스도교회		東京都港区南麻布 5-10-30	http://lds.org/
송미대사(松尾大社)	신사	京都府京都市西京区嵐山宮町 3	
마리안 오소독스 가톨릭 처치 오브 히로시마 저팬	非法人	広島市安佐北区安佐町鈴張 4975-368	MCHJ1@aol.com
삼중현호국신사 (三重県護国神社)	신사	三重県津市広明町 387	gokoku@ztv.ne.jp
명회(命会)		北海道札幌市中央区北13条西 15-5-18	
삼도대사(三嶋大社)	신사	静岡県三島市大宮町 2-1-5	
계교진파(禊教真派)		栃木県栃木市入舟町 15-7	
주천신사(湊川神社)	신사	兵庫県神戸市中央区多聞通 3-1-1	
묘법사 (妙法寺, 正因山実相院)	불교	香川県丸亀市豊屋町 9番地	http://www.niji.or.jp/home/myoho/ myoho@jiji.or.jp
모월사(毛越寺)	불교	岩手県西磐井郡平泉町平泉字大沢 58	http://www.kpc.co.jp/motsuji/ motsuji@kpc.jp
[야행]			
우애그룹 여신의 바다 (友愛グループ女神の海)	비법인	大阪市東淀川区西淡路 1-15-8 ローズコーポ 405	
우덕도하신사 (祐徳稲荷神社)	신사	佐賀県鹿島市古枝	
탕전산 주련자 (湯殿山 注連字)	불교	山形県東田川郡朝日村大網字中台 92-1	http://www2.mwnet.or.jp/~ques/yudono/
[라행]			
입정교성회(立正佼成会)		東京都杉並区和田 2-11-1	http://www.kosei-kai.or.jp/ info@kosei-kai.or.jp
용안사(竜安寺)	불교	京都市右京区竜安寺御陵ノ下町 13	
임제종엔각사파 (臨済宗円覚寺派)		神奈川県鎌倉市内ノ内 409	

정식명칭	비 고	주 소	홈페이지 · 이메일
[라행]			
임제종동복사파 (臨済宗東福寺派)		京都市東山区本町　15丁目	
영상도(霊相道)		大阪府大阪市淀川区東三国 6-9-23	http://www4.justnet.ne.jp/~ okuzawa okuzawa@ma4.justnet.ne.jp
영우회(霊友会)		東京都港区麻布台　1-7-8	http://www.reiyukai.or.jp koho@reiyukai.or.jp

후 기

　본서는, 1999년 11월 12일 재단법인 국제종교연구소의 주체로 약 4시간에 걸쳐 행해진 공개 심포지엄 '인터넷 시대의 종교'의 토의내용을 기본으로 하고 새롭게 쓰여진 3편을 더해 완성한 것이다.

　심포지엄은 도쿄도(東京都) 분쿄구(文京区) 오이시카와(小石川)의 텐츠인(伝統院)・센게츠 회관(繊月会館)에서 개최되었다. 당일은 참가자 사이에서 매우 열띤 토론이 나누어졌고 좌중에서도 잇따른 예리한 질문이 제기되었다. 많은 관계자가 대단히 흥미를 가지고 이 심포지엄의 내용에 귀를 기울였다.

　테마가 테마인 만큼 회장에서 직접 인터넷에 접속할 수 있도록 미리 준비가 되어 있었다. 발원자의 이야기에 맞추어 관련 홈페이지를 실시간으로 대형 프로젝터에서 영출하였다. 여러 종교관련 사이트나 참가자가 개설하는 홈페이지도 소개되었다. 이러한 도구도 있어 개개의 테마에 대한 구체성이 넘친 의론이 전개되었다. 또, 심포지엄 모습은 CS(통신위성)방송 프로에도 수록되어 2000년

4월 5일에 스카이퍼펙트 TV(채널 216)에서 2시간에 걸쳐 방영되었다.

당일 참가자는 이하와 같다(경칭 생략).

참 석 자	고바야시 타이젠(小林泰善, 浄土真宗本願寺派長念寺住職)	
	시타라 미노루(設楽実, 真如苑企画部社会交流課)	
	마츠오카 리에(松岡里枝, 愛宕神社権禰宜)	
	마츠쿠마 야스후미(松隈康史, 가톨릭中央協議会広報部)	
해 설 자	이노우에 노부타카(井上順孝, 国学院大学日本文化研究所教授)	
	기토우 마사키(紀藤正樹, 弁護士)	
진 행 자	이시이 겐지(石井研士, 国学院大学文学部教授)	

심포지엄은 실제로 종교단체 내지 일정한 조직의 홈페이지 작성에 어떤 형태로든 관계하고 있는 분들에 의한 발제가 있었고, 연구자와 변호사라는 종교계로부터는 거리를 둔 입장에서의 코멘트로 시작하였다. 또, 좌중의 참가자는 종교관계자, 보도관계자, 법조관계자, 연구자, 학생 등 다양하였으며, 각각의 입장에서 질문이나 의견이 나왔다. 본서를 읽으신 분은 인터넷이란 새로운 도구에 대해서 기대와 불안이 섞인 토의내용이었던 것을 알 수 있었을 것이다.

심포지엄은 대단히 흥미로웠고 일본 종교교단을 포함한 인터넷 사정을 좀 더 폭넓은 시점에서 볼 필요성이 있어 본서의 편집과정에서 논문형식의 3편을 덧붙였다. 이 기획의 입안자로서의 입장에서 편집자가 서장을 썼다. 인터넷은 극히 편리한 반면, 함정도 곳곳에 있다. 이 점에 대해서는 나가사키 기요노리씨가 언급하였다. 나가사키씨는 라크 컴퓨터시스템의 구축에 관계하고 있으며 인터넷이 종교나 종교연구에 준 영향에 일찍부터 주목하여 온 분이다. 또, 구로사키 히로유키씨에게는 일본 종교교단이 인터넷에 어떻게 관계하고 있는가에 대한 현상을 간단하게 소개받았다. 구로사키씨는 국학원대학 일본문화연구소의 '인터넷에 의한 학술정보발신' 프로젝트에서 평소부터 인터넷이 초래한 문화적 영향에 관심을 갖고 있는 연구자이다. 종교관계 사이트를 정기적으로 수집하고 있다.

또, 이 심포지엄이 행해진 회장은 국제종교연구소가 그 사업으로 하고 있는 종교정보리서치센터(Religious Information Research Center, 약칭 라크)의 아래층에 있어서 이용하였고, 라크에서 일상사업에 관계하고 있는 연구원(大高まどか, 田村貴紀, 中山郁, 藤田庄市, 前川理子, 森葉月, 森瑞枝, 弓山達也 등)이 이 새로운 시도에 대한 여러 조사를 담당하였다. 또 심포지엄에 있어 여러 가지 준비에 도움을 준 遠藤潤, 大谷栄一 두 분과, 이들 모든 분들께 감사드린다.

종교와 인터넷을 둘러싼 문제는 앞으로 본격적으로 전개되리라고 예상된다. 여기에서의 의론이 앞으로 어떻게 전개될지, 그것은 인터넷을 사용하는 기술 문제뿐만이 아니고, 종교가 변용해 가는 사회에 어떻게 대응해 갈 것인지 라는 모습에 의해서도 변화해 갈 것이다. 원하는 것은 새로운 도구가 보다 바람직한 형태로 앞으로의 종교에 관여해 가길 바란다는 것이다.

　마지막으로 본서의 의의를 인정하고 간행을 적극적으로 인수해 주신 新書館의 편집부에 깊이 감사 인사를 드린다.

2000년 4월

편집책임자 이노우에 노부타카(井上順孝)

편역자
소개

책임편집 ___ 이노우에 노부타카(井上順孝)

국학원대학 일본문화연구소 교수. 국제종교연구소 상무이사. 동경대학 문학부 졸. 동대학원 인문대학 과학연구과 박사과정 중퇴. 동경 대학문학 부조수, 국학원대학 일본문화연구소 전임강사를 거쳐 현직. 전문은 종교사회학.

주요 저서에 『바다를 건넌 일본종교』, 『교파신도의 형성』(이상 弘文堂), 『신종교해독』, 『젊은이와 현대종교』(이상 筑摩書房). 주요 편저서에 『현대 일본종교사회학』(세계사상사), 『글로벌화와 민족문화』, 『세계의 종교 101 이야기』, 『교육 속의 종교』(이상 新書館), 『종교와 교육』(弘文堂), 『신도』(新曜社) 등.

역자 ___ 강용자(姜容慈)

일본 국학원대학(国学院大学) 문학박사.

전 부산대학교, 부경대학교, 동아대학교, 부산외국어대학교, 동의대학교, 경남대학교, 동명정보대학교 강사.

현 창원대학교 · 동서대학교 강사.

저서 및 역서 : 『일본풍토기(日本風土記)』, 『여제의 사랑 ― 歌聖 柿本人麻呂』 그 외 다수.

인터넷 시대의 종교

인쇄 2005년 12월 5일
발행 2005년 12월 12일

편자 국제종교연구소
책임편집 이노우에 노부타카(井上順孝)
역자 강용자

발행인 이대현
편집 김보라
발행처 도서출판 역락 / 서울 성동구 성수2가 3동 301-80
전화 02-3409-2058, 2060
팩시밀리 02-3409-2059
전자우편 youkrack@hanmail.net / yk3888@kornet.net
등록 1999년 4월 19일 제303-2002-000014호

정가 9,000원
ISBN 89-5556-431-7-03200
파본은 교환해 드립니다.